王昊——编著

破局

民主与建设出版社
·北京·

U0732235

图书在版编目（CIP）数据

破局 / 王昊编著 . -- 北京：民主与建设出版社，
2024.6

ISBN 978-7-5139-4631-5

Ⅰ . ①破… Ⅱ . ①王… Ⅲ . ①企业发展 - 研究 Ⅳ .
① F272.1

中国国家版本馆 CIP 数据核字（2024）第 109354 号

破局
POJU

编　　著	王　昊	
责任编辑	刘树民	
封面设计	乔景香	
出版发行	民主与建设出版社有限责任公司	
电　　话	（010）59417749　59419778	
社　　址	北京市海淀区西三环中路 10 号望海楼 E 座 7 层	
邮　　编	100142	
印　　刷	三河市金泰源印务有限公司	
版　　次	2024 年 6 月第 1 版	
印　　次	2024 年 6 月第 1 次印刷	
开　　本	700 毫米 ×1000 毫米　　1/16	
印　　张	12	
字　　数	164 千字	
书　　号	ISBN 978-7-5139-4631-5	
定　　价	59.80 元	

注：如有印、装质量问题，请与出版社联系。

　　英国管理学家查尔斯·汉迪某一次驾车前往阿沃卡，途中迷了路，于是很礼貌地向一个路人问路。路人告诉他："你先沿着山路向上开，接着往下开大约1英里，经过一座桥时，可以看到对面红色的戴维酒吧。在离戴维酒吧半英里的位置，右转往山上开，便是前往阿沃卡的路。"

　　这一次偶然的经历，以及对无数企业长年累月的观察，使得查尔斯·汉迪提出了企业增长的第二曲线理论。他认为，任何一家企业都必须经历一个生命周期，也都逃不开生命周期定律的束缚，即企业总是难以避免地会经历衰弱和失败。而想要延迟衰弱的过程，企业就必须不断迭代和创新，找到第一增长曲线之外的"第二曲线"。

　　在建立第二曲线时需要把握时机，因为当第一条增长曲线滑过抛物线顶点后，就会不断下滑，企业要在第一曲线消失之前，找到并开启第二曲线，开始业务创新转型的过程。这样才能在第一曲线和第二曲线之间实现完美的衔接，并尽可能控制好成本，确保更迭能够平稳过渡。

　　在运行第二曲线时，人们需要改变自己的视角，用全新的视角看问题，找出一条与之前不同的发展通道。企业需要挑战正统，需要构建一个伟大的梦想，需要进行超常的思考，尝试不同的方法和模式。

　　查尔斯·汉迪谈到的第二曲线，实际上就是一种破局的方法和形态，多数企业只能在第一曲线内经历衰弱和消亡。它们的发展始终停留在第一曲线内，企业的生命周期非常有限，自身发展的先天不足和局限、外界环境的变化，都会导致企业的消亡。只有少数优秀的企业懂得如何破局，在第一曲线之外找到一条第二曲线，摆脱环境的束缚，摆脱传统模式的束缚，找到新的增长点，从而顺利开启一个新的发展阶段和生命周期。

商业破局是企业获得竞争优势，保持基业长青的一种方式。在买方市场（存量时代）占据主导位置的今天，企业发展的难度不断加大。国内外的市场环境开始不断变化，信息传播的路径变了，产品价值定义变了，用户关系变了，大家的需求也变了，在新的市场环境下，企业面临的压力只多不少。目前中国经济发展模式正在从靠规模和速度增长，转向靠高质量增长，很多破局者开始尝试着以颠覆的方式进入相关领域，并且依靠互联网、云计算、大数据的新经济模式冲击传统行业。在国内市场，这种情况更为明显，毫无疑问，中国企业的生态系统正在发生剧烈的变化和历史性的跃迁。尽管一大批新企业、新行业、新业态开始不断涌现，新型商业模式也层出不穷，但对于大多数企业来说，仍旧面临着同质化竞争加剧和效率提升放缓的压力。传统企业的转型比较缓慢，很容易陷入困境，而新兴企业虽然拥有得天独厚的优势，但技术更迭的加速，导致企业的发展难以跟上时代的变化，所以它们很多时候依旧难以做到持续发展，无法打破发展困局。

以技术发展为例，技术的发展常常能够为商业破局提供更多的便利，比如信息数字化就带来了巨大的变革，包括推动运营管理模式的创新，提升企业内部沟通交流的效率。然而数字化本身的发展速度非常惊人，破局者必须加快技术更迭，迎头赶上数字化变革的速度。仅仅在过去十几年时间里，中国企业就经历了数次变革，其中第一波变革是数字化营销，大量的企业从传统商业模式向互联网商业模式转型，消费互联网领域不断被拓展开来。第二波变革是工业数字化，它建立在数字化营销基础上，数字化营销带来了精准生产和按需生产的生产变革空间，直接导致工业生产也进行数字化变革。第三波变革是管理数字化，数字化营销和工业数字化推动了企业内部的管理模式改变，由于上游供应链以及下游的客户端都进行了数字化变革，企业作为中间的枢纽环节，也不得不走向数字化。在变革的过程中，真正能够实现商业破局的企业仍旧在少数。

可以说，对于绝大多数企业来说，商业破局仍旧是一个非常重要、非常困难的事情。这是因为，一方面很多企业安于现状，缺乏进一步突破自己的决心和意愿，因此它们的发展往往会陷入停滞之中，直到被市场慢慢淘汰。另一方面，企业缺乏破局的方法，尽管它们一直都在努力改变现状，找到新的出路，把握新的增长点，但是技术水平、资源匮乏、经验不足、领导者缺乏耐心和魄力、团队创新能力不足等都会导致企业无法摆脱传统的模式。

本书正是以此为出发点，重点阐述商业破局的方法、模式以及具体的流程，书中具体谈到了求新求异的发展模式、战略上的突破、组织的变革、商业模式创新、认知的突破、执行力的提升、外部环境的把握、外力的利用，以及更高效的发展策略等九个方面的内容，全方位地阐述了商业突破的渠道和方法，每一个企业可以按照自己的实际情况和发展水平，寻找适合自己的方法，拟定破局的策略和模式。书中列举了大量的实例，详细描述了那些成功破局的企业是如何摆脱传统模式的束缚，突破第一曲线的限制的，为企业管理者提供了更多的思路。

需要注意的是，破局本身不是一个单一的变革，很多时候，它需要涉及全方位的改进，需要企业在各个方面提升和突破自己，这样才有机会真正摆脱传统模式，给自己铺好一条新的发展道路。

目 录

第七章　找准切入点，寻求突破

第八章　借助外力，尽可能为破局创造更多的机会

第九章　想要实现商业破局，需要制定合理的策略

第一章

商业破局的关键在于做到与众不同

坚持蓝海战略，打通自己的赛道

2000年，韩国经济学家金伟灿（W. Chan Kim）和美国经济学家勒妮·莫博涅合著了《蓝海战略》一书。该书提到的蓝海战略概念，很快引爆了整个经济学界。所谓蓝海战略主要是指企业、商家或者个人开拓新市场，把原有的竞争需求（卖方需求）转化为买方需求，努力挖掘和创造市场需求，并将其作为发展的重要目标。从这个定义来看，蓝海战略就是挖掘和创造新的市场需求，摆脱当前激烈的市场竞争。

以国内的电商为例，在电子商务领域，不仅存在阿里巴巴和京东这样的巨头，还有唯品会这种专业性很强的平台，任何一家企业想要抢夺电子商务市场都不容易。拼多多却巧妙地开辟了新的赛道和商业模式，推出了独有的砍价模式和团购模式，提升了电子商务的互动性和娱乐性。拼多多入局后，整个电子商务市场的竞争变得更加惨烈，小企业根本无法获得太大的生存空间。可就在这个时候，字节跳动带着抖音强势杀入市场，相比于传统互联网电商巨头，抖音将视频直播与电子商务结合起来，将直播带货发扬光大，并且开始抢占传统电子商务的市场。

当企业觉得市场竞争激烈，难以继续坚持下去时；当企业面临着发展的瓶颈，无法获得任何突破时，不妨换一种思路，跳出原来的竞争市场，选择新的赛道，进入一个没有竞争对手的市场，创造新的需求。

思维的转变是一个重要的内容，第一个转变是努力将卖方需求转化为买方需求。在卖方需求为主的市场上，企业为了应对竞争而拼命迎合市场，拼命跟着竞争对手的节奏走，完全没有办法实施自己的计划。这一类企业很难找到自己的优势，因为任何动作都可能引来其他跟随者的效仿。一般来说，低价策略是大部分企业都会面临的问题，为了获得更大的生存空间，企业不得不频繁降价来讨好客户端。而转化为买方需求后，企业成功逆转了整个供需关系，由于竞争对手很少或者没有竞争对手，市场上对相关产品和服务的需求很大，因此企业往往拥有更多的话语权，企业可以按照自己的计划发行相关的产品，提供相应的服务，可以推行自己最擅长的营销模式。

第二个转变是把精力从打败竞争对手转移到为客户和企业自身创造价值上来。在竞争激烈的"红海"（已经存在大量竞争的市场）中，企业的精力主要放在如何打败竞争对手上，因为只有击败了竞争对手，企业才有机会生存和发展下去。而在应对竞争的时候，企业会消耗掉大量的时间、精力、资源，也就无法动用更多的力量寻求新的商机，无法做出新的改变。而一旦将其转移到为客户、为企业自身价值的创造上来，企业的重心就放到了市场服务和价值增长的方向上，就有机会摆脱原有的竞争环境，有机会摆脱困扰，这便对企业未来的发展打好了基础。

在蓝海战略中，价值和成本之间的权衡取舍被完全打破了，企业不必为了卖出产品而降价，或者为了控制成本而牺牲掉价值，它们可以重建市场边界，开创一个无人竞争的市场。在这个市场当中，企业有足够的实力，也有足够的空间做自己想要做的事，可以在市场上挖掘并创造新的需求，没有竞争者能够在短期内对其造成威胁。

在蓝海战略中，最核心的内容就是在重建市场边界之后，想办法超越现有的需求，挖掘新市场、新客户、新需求，这是保证蓝海规模扩大化的关键。为此，企业不能只将注意力放在那些现有的客户身上，还要重点关注那些非客户群体。也就是说，企业不要总是盯着客户之间的差别，而要看看不同群体客户之间共同关注的东西，并通过对共同点的把握来建立核心业务，挖掘新客户。

比如，最先进入新能源赛道的汽车制造商，往往拥有一批较为忠实的客户，这些人属于第一层市场，他们始终关注新能源汽车市场，始终关注相关的新能源汽车品牌。也有一批人对新能源汽车保持怀疑态度，他们甚至在有意回避新能源汽车，在他们看来，电池太贵、续航焦虑、电池爆炸风险都是痛点，这些人构建了第二层市场。而第三层市场的非客户一般都在远离新能源汽车，这些人根本没有考虑过购买新能源汽车，他们是传统能源汽车的忠实拥趸，甚至并不清楚新能源汽车的市场动态。很多新能源汽车制造商可能只关注第一层市场，只想着为这一层市场的客户服务，而这无疑会阻碍企业规模的扩大，一旦其他竞争者进入蓝海，可能就会迅速抢占市场，而最先进入蓝海的新能源汽车制造商或许会在不久之后被迫出局。因此，最先入局的企业会想办法挖掘不同层级市场的共性，挖掘市场的共同需求，包括续航、价格、舒适度、安全性能、智能化等，当企业解决了这些问题后，自然就可以在市场上大展拳脚了。特斯拉和比亚迪都是这样做的，这也是为什么这两家公司可以成为新能源汽车领域的标杆。

蓝海战略是企业摆脱发展困局，寻找业务增长点的一个重要策略。不过，蓝海并不是长久存在的，它存在一定的期限，一旦太多的企业入局，蓝海就会慢慢变成红海。这个时候，企业又会陷入新的困局，而想要破局，就需要重新寻找新的蓝海，打破竞争的束缚。

进行逆向操作，出其不意

2007年1月9日，苹果公司发布了第一代苹果手机，这款产品虽然不是非常成熟，但仍旧在科技圈投下了一枚重磅炸弹，这并不是因为手机本身的性能有多么出色，而在于支撑手机运行的iOS操作系统非常强大。大家很快意识到，这个系统将会帮助苹果手机迅速垄断整个手机市场。

时任谷歌工程副总裁的安迪说了这样一句话："如果谷歌无动于衷的话，我们将不得不接受一个十分可怕的未来，一个没有选择的世界：同一个人，一个公司，一部手机，一个运营商。"这绝对不是危言耸听，因为智能手机的快速发展已经让人们预见了它在未来生活中所扮演的重要角色，而手机软件的快速完善，尤其是APP的发展更是成为智能手机最重要的生存武器。苹果公司开发的iOS系统一旦与手机进行深度融合，就会快速提升苹果手机的市场影响力，而市场上由于没有相应的操作系统与之对抗，苹果手机将会依靠操作系统来控制大部分APP的使用，从而真正垄断手机市场。

为了追赶苹果公司的脚步，2011年11月份，谷歌公司推出了Android，但作为后起之秀，这套操作系统根本无法和强大的iOS系统相提并论，无论是用户的体验还是用户的规模都不尽如人意。为了打破iOS系统的压制，谷歌公司做出了一个重要的决定，那就是选择开放安卓系统的源代码。也就是说，用户可以在遵循开源协议的基础上，利用源代码进行使用、编译和再发布，只要不涉及开源系统的侵权行为就行。比如，用户在使用开源产品时，需要表明自家设计的产品来自开源软件，需要特别注明源代码编写者的姓名，最重要的是，用户要把所修改产品返回给开源软件。

这一次的开源行为让很多人惊掉了下巴，大家都觉得谷歌公司完全可以依靠源代码这样的专利去收取不菲的使用费，为什么要免费分享给全球的公司和用户呢？这样不是直接切割了自家原本就不多的蛋糕吗？但谷歌公司高层所想的显然要更长远一些，他们知道一个操作系统想要生存和发展下去，最重要的不是技术，而是用户，只有更多的人使用该系统，建立起完整的生态链，才能够发挥出巨大的生存优势。苹果的操作系统和微软的操作系统依赖技术优势占领了市场，但它们都是收费的，具有较大的封闭性；如果谷歌的Android系统源代码免费分享给全球用户，那么将吸引更多的设计者和公司在源代码基础上开发新的产品，从而实现高速扩张并快速占领市场的目的。

事实证明谷歌高层的战略决策非常正确，在谷歌开放操作系统源代码之后，Android系统开始快速逆袭，不仅成功扼杀了微软公司开发的设计系统，还一举反超了苹果的iOS系统，成为市场占有率最高的操作系统。

逆向操作是一种非常实用的破局方法，主要在于打破人们对那些司空见惯的看似成为定论的事物或观点的看法，通过反向思考和反向操作来打破常规，确保个人的思维和行为向事物对立面的方向发展，这样就可以从事物的相反方向进行深入探索，打破原有的困局。事物通常具备可逆性，人们如果从反方向进行推断，找到常规的岔道，然后沿着岔道思考，运用逻辑推理便可以找到解决问题的新方法。这种方法具有普遍性、批判性和新颖性，能够有效帮助人们解决问题。

比如，牛仔裤是一种大众化商品，各大品牌的牛仔裤竞争非常激烈，几乎每年都有不少品牌商退出市场。为了提升竞争力，很多品牌商不断提升牛仔裤的质量，毕竟牛仔裤一旦破损就会影响美观，而再好的牛仔裤也会出现磨损。为了延长牛仔裤穿着的时间，企业还特别使用新型材料对其进行防护。但有一家生产牛仔裤的商家却反其道而行，故意在膝盖部位弄出破洞，结果很快引发了穿着打扮的新潮流，有裤洞的牛仔裤开始越来越流行。

世界知名价值投资者霍华德·马克斯曾提出了"第二层思维"的概念。他认为这个世界上的多数人都处于第一层思维当中，只有少数人处于第二层思维。第一层思维是一种盲从思维，人们依靠自己的经验和感性的认知做出决策，他们喜欢追随别人，对大家都看好的东西深信不疑，不具备独自分析的能力。这样的人往往无法挖掘商机，只会跟在别人后面寻找机会，然后在激烈的竞争中挣扎。

相比之下，拥有第二层思维的人非常善于观察和分析形势，具有独立分析、理性判断和逆向思考的习惯。他们不喜欢盲从他人，反而会依据大众化的思想做出相反的思考和分析，当大部分人都在追求某个东西时，他们就会远离它，并且通过逆向思考的方式找到新的机会。逆向思维是第二层思维中的一种重要思维方式，它拥有多种形态，比如缺点逆用法、因果逆向法、属性逆向法、方位逆向法等。不同的形势，不同的条件下，可以选择不同的方法，而无论是哪一种方法，核心都是反其道而行，找到打破常规、改变现状的渠道。

需要注意的是，并不是所有的工作都可以通过逆向思考和逆向操作的方式得到提升，也不是所有的事情都适合进行反向操作。逆向思维更多地只是为人们的思考和分析提供了一种方式，当人们依靠常规思维和常规模式无法获得任何突破时，可以尝试着进行逆向思考，或许可以真正找到破局的方法。

把一件事做到极致，构建绝对的竞争优势

有家跨国公司准备对三个不同的客户进行考核，以确定最终的合作者，于是就安排它们拟订一份项目策划书。来自东南亚的客户认为办事速度最重要，于是花费10天时间进行项目考察，并很快提交了项目策划书。来自美洲的客户认为这个项目有好几种运作方式，于是花费30天时间提交了2份不同的项目策划方案。来自德国的客户则花费20天时间进行了详细考察，然后花费10天时间进行了反复论证和修改，最终提交了一份更为详细、更为成熟的方案。最终，这家跨国公司选择了德国的公司作为这个项目的合作伙伴。

企业在发展过程中，尤其是在外扩过程中，普遍面临精益化不足的困境。精益文化，其实就是精益求精的一种态度和决心，像技术打磨、体制完善、制度建设、流程控制、品牌建设等诸多方面，都需要借助精益文化。精益文化的核心就是不断完善，不断打磨，努力将一件事情做到极致。比如，哈德洛克公司几十年来一直专注于螺母的研究和生产，对螺母技术的不断打磨，使得这家市值并不高的公司成为全球高端螺丝产品的最大供应商。

大多数企业在这一方面明显要逊色不少。在发展过程中，领导者容易满足于现状，片面追求发展规模和盈利，而很少愿意花费时间进行进一步的提

升。在整个市场环境中，快餐文化对企业的影响很大，一家公司一开始往往会采用挣快钱的发展模式。比如，坚持粗放型发展的策略，侧重短期的投资甚至是投机主义，盲目走多元化道路，投资技术含量低的项目，对于技术提升和自我完善则不看重，而这又容易导致企业的"善变"。

在过去30年的发展历程中，大部分企业都在寻找投资的风口，30年前是矿产资源投资，20年前是房地产，10年前是互联网，现在是短视频，几乎每一次商机的到来都会引发投资狂潮。但是，很多企业并不打算精耕细作，而是想着依靠粗放的生产和管理模式收割财富，很多企业在激烈的竞争中被淘汰，剩下的只能急忙寻找下一个风口，类似华为、大疆这样在某一领域不断发展、不断提升的企业很少。由于无法将擅长领域内的业务做到极致，企业往往很难长久地保持竞争优势，更无法实现破局。

对于企业来说，想要做到极致，就要构建一种精益文化。精益文化是一家公司从普通走向优秀、从优秀走向卓越的基础，也是一家企业实现可持续发展的关键。只有依赖精益文化，企业的生产和服务环节才会更加顺畅，企业内部的流程管理才能实现不断进化，团队的技术和人才资源才会实现更替，资源的配置也会更加合理，企业结构会进一步完善，整个企业的管理变得更有章法，并且逐步向高端化转变。可以说，精益文化是推动企业内部管理进步的重要驱动力，更是企业持续发展的保障。

那么，如何才能推动一家企业把自己的业务做到极致，或者说如何才能构建一家企业的精益文化呢？

第一，始终坚持自己的优势项目。

把一件事做到极致，首先就要集中全部力量和资源做好这件事。无论自己面对什么样的诱惑，都不要受到影响，把握原有的方向，一步一个脚印去努力，不要轻易走多元化道路，不要随意更改自己的方向和目标。很多企业之所以难以在一个项目上获得竞争优势，很大一部分原因是企业将自身资源分散在不同的项目上，而这种分散模式会导致它们无法更专注、更集中地发展优势项目，这不利于精益文化的培养和推广，也不利于企业核心竞争优势的确立。

第二，始终用成长的心态看待发展。

企业必须抛弃自满的心态，要用成长的心态看待未来的发展，要意识到只要自己不断努力，就可以变得更加优秀、更加强大。成长的心态包括对技术不断打磨，对管理模式不断优化，对服务质量不断提高，对品牌影响力不断提升。企业必须不断督促自己去成长、去进化，从普通走向优秀，从优秀走向卓越，从卓越变得更加伟大。

很多企业不具备成长思维，无论做什么事，都是单纯地将自己挣了多少钱，拥有多少市场规模，拥有多少员工，作为发展是否成功的评判标准。只要达到了预期的发展目标，它们就失去了进一步发展的动力，这个时候，企业就可能故步自封，甚至可能会想办法阻碍新技术、新方法、新模式。

第三，要设定伟大的愿景。

想要让企业变得更加优秀，在专业领域变得更具竞争力，那么仅仅依靠领导者的远见和执着是不够的。企业想要变强，需要全体员工共同努力，因此企业从一开始就要努力让整个团队保持强大的动力，而伟大的愿景会推动人萌生进步欲望。企业如果能够帮助员工构建伟大的职业愿景，那么员工就可以更主动、更自觉地精进自己的工作，企业也能够进一步完善自己的工作流程。

以建筑工作为例，普通公司的员工可能会这样定义自己的工作："我只是一个砌砖的工人。"优秀公司会向员工强调这样一点："你们将会建造最好的建筑。"卓越的建筑公司则会强调："你们正在美化这个城市。"人们的愿景越大，思维层次越高，对自己的工作要求自然也就越高。

总之，企业想要实现商业破局，那么在找不到更好的模式、更好的赛道时，不妨采取原地突破的策略。把自己擅长的东西做到极致，做到最强最优，那么企业就有机会摆脱困局，成长到更高的层次上。

认真对待非主流和边缘化的事物

美国著名的杂志编辑和作家凯文·凯利曾经说过，自己非常喜欢通过长期边缘化探索的体验来提升自己的经验。以技术来说，他多年来一直在关注技术研发的动向，并进行各种自由的思考，包括没有监管下的技术发展方向、如何进行技术的自由探索、犯罪分子如何利用技术、技术会衍生出什么样的功能等。对于一些走向边缘化的技术，他一直都抱有很大的兴趣，他知道很多边缘化的东西都是非正式、非主流的，甚至合法性也存在疑问。但正是因为这些技术在一种自然、自由状态下的衍生，可以帮助人们更好地理解技术对生活、对社会的价值。他经过多年的调查和研究，发现真正的创新往往不会发生在主流事物身上，不会出现在人人关注的中心地带，而是发生在对边缘事物的探索过程中。技术的发展往往是由中心地带向周边蔓延的，中心地带很快会过时，不断蔓延不断边缘化的边界当中反而能够探索出新的模式。

在微软公司刚刚起步的时候，计算机行业的领头羊是IBM。IBM当时生产计算机硬件，计算机技术不断从中心地带（计算机硬件研发）向外蔓延，并延伸到软件设计方面。但是，软件设计在当时根本不入流，只是边缘化的东西，很多计算机公司都不太在乎它。然而，短短十年时间，微软公司就依靠边缘化的软件设计迅速发展，并且依靠软件设计成功颠覆了计算机行业的格局。

在直播带货出现之前，电子商务占据了线上交易的头把交椅，商家都依赖电商平台出售自己的产品。随着短视频的发展，直播开始出现，但直播那时候往往被认为是一种非主流的表现，直播也被当成一种边缘化的事物。但是，随着线上营销技术外溢到直播行业，直播开始与电商结合起来，并衍生了直播带货这种新型的商业模式，而且最终打破了传统电商的营销模式。

从生存环境的角度来分析，非主流、边缘化的东西往往容易受到大家的忽视，它们常常会被认为是非正式的、不重要的、不入流的、低价值或者低效用的，但正是因为大家的不重视，使得这些边缘化的东西面临的竞争压力更小。比如，在现实的商业环境中，企业往往更加注重那些能够短期内带来巨大商业回报的东西，更加期待着在那些主流业务或者大家都关注的技术上获得突破。这就导致大部分企业都会忽略那些边缘化的技术，以及那些非主流的项目，从而为边缘化的东西创造了一个更加安全的生存环境。因为没有太多入局者，竞争环境也就更加宽松，相关事物的成长也就有了更好的空间。

此外，在一个没有太多人关注和监督的领域，它们更不容易受到各种规则的束缚，创新的能量往往很大。正如凯文·凯利所说的那样，边缘化的东西往往会在一种更加自由、更加自然的状态下发展。没有太多的界限，没有太多的规则，没有各种各样的束缚，企业可以进行不同方向的尝试，可以选择不同方法进行体验，而这种状态往往能够孕育更大的创新力量。就像技术研发一样，一开始那些不受重视的技术往往会受到忽视，外界的关注度也小，这样一来技术的成长空间就会加大，它可以在各个维度上进行成长，而不用担心受到什么束缚和限制。当技术的研发没有太大阻力的时候，它可能会快速进步，并且更容易实现质变。

正因为如此，企业想要实现商业破局，就不要总是将注意力放在那些主流的、中心的事项上，不要总是关注商业热点或者技术热点。想要破局有时候就要另辟蹊径，想办法在一些容易被主流忽视的边缘化事情上多花点心思，从边缘化的事项上进行思考和分析，选择一个不被人关注和重视的赛道去拼搏。

首先，要用发展的眼光看待问题。

对于那些边缘化的东西，一定要立足长远，拒绝被眼前的利益束缚，拒绝受到当下环境的影响，尤其是主流思想的影响。破局的关键在于保持独立思考的习惯，独立思考再加上长远的目光，就可以更好地把握机会。当人们意识到某个不被人关注的边缘化项目拥有不错的前景时，可以想办法朝着这个方向努力。

其次，要懂得在主流模式之外寻找非主流的应用模式，然后找到一个创新的切入点。

一些主流技术可能会运用在非主流的事情上，或者运用到一些边缘化的事情上。以3D打印为例，一般谈到这项技术的时候，许多人想到的是机械零件的制造，想到一些工艺品的高难度加工，这些都是3D打印技术的主流化应用。一些商家却突发奇想地将其运用到煎饼制作当中，这种边缘化的运用反而可以让煎饼充满卖点，从而帮助商家在煎饼行业获得突破。

最后，要懂得去尝试走不同的道路。

即便是一些非主流和边缘化的道路，只要看准了方向，也不妨大胆尝试一下。有时候趋势未必很明显，人们只有去尝试，才有机会去感知那些边缘化事情的魅力，也才有机会从中挖掘到商机。

需要注意的是，并不是所有非主流和边缘化的事情都可以成为一个突破点，也并不是所有非主流和边缘化的东西都值得去拼搏。企业在寻求商业破局的方法和渠道时，更多的还是要依据自身所处的环境做出分析和判断。在尝试之后，如果发现自己无法找到商业破局的口子，就应该提前放弃，寻找其他更加合理、更加高效的破局方法。

进一步细分赛道，寻找新机会

众所周知，商业破局的关键是走出一条新路子，而细分赛道就是一种破局的方式。细分赛道最初诞生在互联网领域内，随着互联网技术的发展，越来越多的互联网与传统行业结合起来，从而出现了形形色色的路子。这样一来，各种新出现的行业就被称为赛道。

很多时候，人们喜欢针对某一个产业或者行业进行分析，这种分析一般都是从整体发展情况开始的，无论是针对传统行业，还是一些互联网之类的新兴产业，都会依据整体的发展态势做出判断，然而这种判断很容易因为个人的认知局限而产生错误。比如，许多人一谈起互联网，就会觉得互联网如今已经充分饱和了，竞争非常激烈，人们很难找到新的突破点。但是，如果从细分赛道的角度出发，就会发现互联网领域还可以细分出很多新的行业，关键是人们要尽可能利用和开发互联网模式，不断挖掘互联网的价值，寻找新模式和新机会。

在其他行业也是如此。人们很多时候会认为一个行业竞争激烈，就认定自己很难在竞争中脱颖而出，很难突破众多竞争对手的围剿，却忽略了一个问题——不同行业往往会有不同的赛道，同一个行业也可以分化出不同的赛道，重要的是人们要懂得思考和创新。细分赛道并不容易，需要人们在了解当前竞争格局和行业发展模式的基础上做出深入的分析。

那么，企业和个人在寻求新机会的时候，应该如何细分赛道呢？又要如何在竞争激烈的市场上找到最合理的突破点呢？

一般来说，细分赛道的方式可以分为以下几种。

第一，价格带上的细分。

当所有的主流企业都集中在一个价格带上竞争时，企业可以通过打造更高品质的产品提升新一轮价格带，这个时候就换挡进入蓝海，成为细分赛道上的领头羊。比如，钟薛高在推向市场的时候，就以高价为人所知。在进行市场调研的时候，它发现大多数雪糕都在几元的价位上，这个价格通常更像是约定俗成的，而更高的品质、更高的定位、更高的价格自然带来了更高的知名度和影响力。

第二，消费趋势的细分。

不同时代会有不同的消费趋势，而消费趋势中可以细分出新的赛道，一些潮流文化就很容易细分出不同的潮流产品和潮流模式。比如，最近几年非常流行的国潮，就细分出了很多国货产品的赛道，包括国潮的鞋子、衣服、文创冰激凌之类的商品。

第三，消费场景的细分。

产品和技术的细化赛道很难找到，因此很多企业会将注意力放在消费场景上，努力细分出具有差异化和独特优势的消费场景。消费场景的细分通常和消费者的体验有关，或者说企业会更加注重服务质量的提升。比如，传统的商业街可能都是以商场、超市、购物中心之类的商业街为主，而一些企业开始将商业与乐园结合起来，加入沉浸式体验，提升竞争力。

第四，消费群体的细分。

消费群体的细分主要针对不同年龄段、不同社会层次的消费群体，采取不同的营销方式，提供不同类型的产品和服务。比如，屈臣氏发现零售行业的同质化竞争越来越严重，各大品牌的生存压力越来越大，而想要快速破局，找到新的增长点，就需要锁定目标客户群体。为此，屈臣氏纵向截取了目标消费群的部分优质客户，进一步细分市场，把业务做细、做精。相比于很多品牌面向全体消费者，屈臣氏直接将目标锁定在18~35岁的年轻女性消费群体，专注于个人护理与保健品的经营。为什么要划分得如此精细呢？屈臣氏认为，这个年龄段的女性消费者富有挑战意识，喜欢追求新体验，生活中充满时尚元素，她们渴望用金钱带来变革，而且这批人的品牌认知度和忠诚度比较高。

第五，产品形态的细分。

产品的形态细分经常被商家忽略，但适当的细分和转变往往能够带来差异化的体验，包括产品的包装、产品的大小、产品的颜色、产品的具体形态等。以最常见的棒棒糖为例，棒棒糖的颜色、大小、包装、成分、形状、软硬程度等，都会带来不同的体验。

需要注意的是，在很多时候，细分赛道时可以对相应的主流产品进行延伸，或者对相关产品进行分解，从产品部件的功能出发，寻找合适的赛道。以光伏为例，众所周知，我国是全世界光伏产业的引领者，光伏产业在我国非常发达。光伏的快速发展导致整个行业竞争激烈，为了实现突围，很多企业不再生产和销售太阳能板，而是开始积极细分赛道，比如生产硅片、逆变器等。企业可以将注意力集中在这些更细微的赛道上，以此来减轻生存压力。

细分赛道的模式多种多样，企业可以依据自身的需求和实力去挖掘新赛道，在市场上尝试新的打法。当然，这样做有一个前提，即必须把握消费市场多样化的需求，在满足消费者需求的基础上细分赛道。这样就能创造更多的发展空间，把握住更大的商机，确保企业未来可以在某一细分赛道成为最具竞争力的品牌。

不要放弃那些被认为不可能实现的事情

特斯拉的创始人马斯克一直致力于产品创新，为此还不断通过个人的努力来重塑高管们的思维，让他们学会正视那些看起来不可能实现的事情。比如，在设计特斯拉新能源车的时候，他就经常会提出一些天马行空的点子，有些点子听起来甚至有些荒唐。在设计特斯拉的Model S车型时，马斯克突发奇想地提出了一个要求：这款车子的门把手必须和车体齐平。也就是说，门把手必须是嵌入式的。工程师们笑了笑，认为马斯克根本不懂车子，要是门把手也被隐藏起来了，人们该怎样开门呢？再说了，这样的设计似乎毫无用处。

马斯克非常耐心地做了解释：公司需要设计一款新型的门把手，当车主走到车旁，门把手就会立即接收到电子钥匙传输的信号，这个时候，它就会像变魔法一样从车体内自动滑出。听起来似乎有些玄幻，至少大部分人都是这样认为的，一位高管毫不犹豫地当面否定了这样的设计，认为这个想法实在太荒唐，也根本没法实现，因为当中的复杂设计足够让研发人员发疯。

面对质疑和否定，马斯克坚持己见，不断给负责研发的工程师施加压力，结果几个月后，隐藏式的门把手终于问世，可是由于技术原因，这款门把手经常失灵，给车主造成很大的困扰。即便如此，马斯克依然不放弃，坚持要完善相关的技术。随着公司的持续投入，伸缩门技术越来越完善，伸缩门把手也迅速风靡开来，不仅成为特斯拉的标志性特征，还被大量的车企借鉴，引领了一波技术研发的潮流。也正是因为如此，特斯拉汽车越来越受欢迎，很快在新能源领域脱颖而出，并迅速抢夺传统能源汽车的市场份额。

之前那位否定马斯克的高管此时心服口服，承认伸缩门把手在人车之间几乎创造出一种情感上的依恋，让每一个车主都产生一种自己属于未来的感觉。而正是这样的体验，让特斯拉迅速站上了汽车制造行业的巅峰。

人们通常会做那些有机会去做且有机会做好的事情，对于那些难以实现或者被多数人认为不可能实现的工作，则常常会选择放弃。这种成长模式通常被认为是一种生存的安全机制。无论是个人还是企业，通常都是如此，冒险去挑战成功率更低的目标，并不符合他们的发展需求和利益选择。这种发展思维看似合理，却往往存在两个问题：第一，当大家都想着做那些容易做且有机会做的事情时，竞争就会变得更加激烈，这对任何进入行业的参与者来说都不是一个好消息；第二，企业的发展往往拥有更大的潜能，但由于领导者缺乏魄力和冒险精神，可能会将企业的发展禁锢在一个看似安全但毫无突破的尴尬处境中。企业可能会因此陷入发展瓶颈，并且由于找不到突破点而慢慢被市场淘汰。

因此，企业想要实现破局，一定要改变现有的发展模式，寻求一个最合适的破局点。挑战大家都觉得不可能实现的任务和目标便是一个非常合适的选择。

从发展的角度来说，企业需要通过不断的自我挑战、不断的自我进步来实现自身的突破。如果没有冒险精神，如果不敢挑战高难度的目标，那么企业的发展会受到限制。

从竞争的角度来说，越是不被人看好的东西越是很少有人去做，企业如果能够提前选择进入相关的领域，那么将有机会进入蓝海，从而为自己的发展创造一个巨大的空间。虽然挑战的难度很大，但至少是一个机会。企业不能被大众思维束缚，要保持独立的发展意识和发展规划，只要敢打敢拼，那么机会就会掌握在自己手中。比如，新能源汽车一度被认为是不可能快速发展起来的产业，因为大多数人都认为电池蓄电能力太弱，而电池的成本太高，而且还存在安全问题，这些问题都阻碍新能源汽车的壮大。事实上，无论是特斯拉还是比亚迪都很好地解决了这些痛点，在技术上获得了很大的突破。

那么，企业想要实现商业破局，需要从哪几个方面着手呢？

首先，必须有挑战自我的意识。

企业要摆脱当前的环境、技术、资源限制，努力去挑战更高的发展目标，去做一些此前不敢去做的事情，在一些不被人关注或者害怕去做的事情上寻求更大的发展空间。

其次，企业需要想办法改变自己的策略。

企业在挑战那些看起来不可能实现的项目和目标后，应当随着自身取得的进步，适当转移发展的重心，确保企业可以从原先的主流业务中慢慢摆脱出来，一点点向新的业务目标靠近。这样，等到时机成熟，企业就可以将新项目发展成为主流业务。

最后，企业需要摆脱大众化思维。

在其他企业认为某件事不值得去做，或者不可能完成的时候，企业需要保持独立思维，勇敢去尝试和挑战那些高难度的项目，给自己一个发展的机会。如果盲目听从他人的看法，选择追随大流，那么那些被认为不可能完成的事情可能永远都无法完成。保持独立性，摆脱大众化思维，给自己尝试的机会，无疑可以为企业赢得更大的发展机会。

还有一点需要特别注意，那就是企业需要用发展的眼光看问题，这是因为很多难题现在可能没有办法解决，但未来总会找到合适的解决方法；很多项目虽然现在做有很大的困难，但未来一定会变得更加轻松。因此，企业要提前做好部署，提前积累技术和经验，想办法赶在对手前面去接受挑战，这样就可以把握发展的先机，获得先发优势，确保自己在未来的竞争格局中成为行业的领导者。

第二章
提高战略突破能力，立足长远

及时进行有效的战略反思，把握发展趋势

早在20世纪90年代，我国大中型企业开始普遍推行战略管理，"十五"计划的颁布则把研究战略管理和战略规划往前推进了一步。在中国加入世贸组织后，国内企业开始与国际企业正面竞争，推进战略管理变得更为迫切。中国发展战略学研究会战略管理咨询中心曾经做过一项调查，发现国内许多大中型企业都成立了自己的战略研究部，也都制定了发展战略，其中发达程度更高、竞争力更强的企业往往更加重视开展战略研究和战略管理。

而在战略管理当中，有一项非常重要的工作，那就是战略反思。战略反思有助于实现战略突破，确保企业找到最适合自己的发展战略。战略反思其实就是指在迭代的周期里找到自己能力方面的缺失点，努力让自己变得更优秀、更强大。很多企业制定了战略之后就迫不及待地落实到具体的活动当中，却没有认真分析这些战略是否合理，是否会达到预期的效果，是否会推动企业不断进步和发展，又是否可以保证企业长久地维持在一个较高的竞争水平上。

著名的管理咨询公司麦肯锡，曾经对700名战略官和2100多名高管展开一项关于战略的调研，并提出了十个问题进行测试，帮助企业衡量战略的有效性和反思战略的合理性。这十个问题包括：

1.您的战略能否帮助您战胜市场？

2.是否发挥了公司真正的竞争优势？

3.是否精细划分并明确指出竞争领域？

4.是否预见了未来的趋势和变化？

5.是否借鉴了独到的洞见？

6.是否明确定义并考虑了不确定因素？

7.重大承诺和灵活决策的组合是否平衡？

8.是否摒弃偏见和错误推论，对替代方案进行评估？

9.是否有坚决行动的信念？

10.是否能转换成清晰的行动计划和资源分配调整方案？

　　麦肯锡的战略十测本质上就是一种战略反思的手段，毕竟企业在制定一个战略规划时，不可能一开始就面面俱到、完美无缺。无论是战略方向的设计还是计划中的具体流程，都需要接受不断的审核、不断的调整，而反思就是一个基本的流程，可以找到战略中的不足。

　　那么企业应该如何进行战略反思呢？

　　首先，企业在进行战略反思的时候，只需要把握住一个大致的发展方向。战略并不需要多么精确，它只需要提供一个正确的发展方向即可，诸如产业方向和技术方向，很多时候企业不可能完全看得准，只要做到大致准确就可以了。2014年，多伦多大学罗特曼管理学院院长罗杰·马丁在《哈佛商业评论》上刊登了一篇文章——《如果你对自己的战略很有把握，那它可能有漏洞！》。在这篇文章中，马丁提出了一个非常有意思的核心观点：真正的战略抉择总是包含着一些恐惧和不安。

　　他认为企业在制定真正的战略时，领导者往往会感到焦虑不安，由于对未来不敢确定，他们甚至会产生赌徒心理。很明显，制定战略是为了增大成功概率，而非完全消除风险。为此，管理者往往会花费数周甚至数月时间进行详细筹划，对自己的投入和相应的产出进行评估，对潜在的风险进行预判，而这种过度追求精确的方式效果堪忧。

　　企业在进行战略反思的时候，应当保持战略方向上的正确，而想要把握住发展方向，就需要做到与时俱进，把握时代发展的基本方向，确保企业的发展方向和时代发展方向保持一致。柯达公司之所以会从一个占据90%市场的巨无霸快速走下神坛，被市场淘汰，原因就在于它沉迷在胶卷的荣耀中不能自拔，完全没有预测到数字技术对胶卷的巨大冲击，完全没有想过数字技术会从根本上改变人们的生活习惯，改变社会发展的轨迹。诺基亚手机也是一样，这个在巅峰期几乎吊打所有手机品牌的庞然大物，一直坚守"硬件至上"的理念，却忽略了智能手机的手机系统和软件在未来生活中发挥的巨大影响力，最终因为错失发展良机而被以苹果手机和三星手机为代表的智能机品牌赶超。企业一定要认真分析时代发展，掌握发展的趋势，然后积极进行各种尝试，在不断的反思、不断的调整中找到正确的方向。

其次，企业在进行战略反思时要具备互联网思维，比如坚持以客户为中心，凡事都要弄清楚是不是有利于客户的利益满足，是不是可以满足客户的利益需求，是不是能够体现客户的意志，是不是能够强化客户的参与感和忠诚度。企业管理者制定战略时，不要过于主观，不要总是觉得"我应该做什么，我应该怎么办"，而要将战略规划、战略管理放在满足客户需求的基础上来进行。此外，企业需要坚持小步快跑的策略，不断试错，不断检验错误的模式，只有加快迭代，才能够真正做到不断发展、不断完善。

再次，企业需要掌握战略反思的模式。第一，对关键事项进行反思和复盘，以保障战略反思的效果。许多人只在一些无足轻重的小细节、小事项上做出一些复盘和调整，这样对整个战略规划的改进并没有什么帮助，毕竟它们并不会对战略方向产生重要作用。第二，要重点对核心原因进行探寻，了解战略失误的核心原因，比如目标不清晰、意愿不强烈、缺乏全局思考、基础知识不过硬等。找到核心原因，才能解决核心问题。

最后，企业需要强化战略反思的练习。比如，将企业大目标分解成为小目标；在一些重大决策上必须坚持多推演几次，绝对不能心急；强化对外部环境的感知，分清内外部因素；动用上帝视角看待问题，即跳出自己的身份、位置和环境，不站在任何立场和角度上看问题，更加客观地了解自身的战略；打破从众心理，保持独立性，通过练习，企业可以更好地提升自己的战略反思能力和战略反思的效率。

强化战略设计能力，打造更完美的战略规划

一般情况下，企业内部会划分为三个层级，每个层级的人都有明确的分工。其中，企业必须有宏大的远景蓝图和明确的战略目标，这是引领企业发展方向的前提，而战略设计这样重要的工作必须由上层领导负责。企业高层必须集中精力做好企业的蓝图规划和战略制定工作，包括制定企业战略目标、确定战略措施、设计一个大致的战略计划。

战略设计是战略管理的重要组成部分，也是战略管理的基础和核心，它可以为企业经营指明方向，被称作是企业发展的灵魂和主线。许多人喜欢将战略设计等同于企业的经营计划，但两者并不是同等的概念。战略设计并不是要求企业之后要做什么，而是通过收集相关的信息，分析、判断、预测企业发展的未来，寻找影响未来的各个要素，然后决定如何做出能够影响企业未来发展的决策，从而引导企业对未来做出合理的预测。

一般来说，企业战略分为竞争战略、财务战略、投资战略。这三大战略是企业经营成败的关键，也是创造企业价值的前提条件，因此需要进行合理设计。企业的战略设计模式主要包括紧密型战略与松散型战略。

所谓紧密型战略，通常就是规范化的战略管理模式，这一类战略设计对内注重规范化，对外则注重合约化。领导者主张用严密的制度来保证企业内部经营与管理活动可以正常运转，然后用合约化的方式协调企业与外部的联系。

相比之下，松散型战略是一种更加强调开放式与灵活性的战略管理模型。这一战略设计往往注重企业内部管理的灵活性，它能确保企业发展适应外界环境不断变化的需要，它也更注重与供应商、客户保持长期的战略合作伙伴关系，确保企业可以长久维持一个稳定发展的状态。

紧密型战略设计能够有效降低经营风险，提升管理效率，但过多的约束和规范化也很容易让企业陷入应变能力不足，发展僵化的困局，而且企业往往缺乏自我突破、自我变革的决心，也缺乏创新的土壤。松散型战略设计更加看重企业的灵活性与应变能力，可以有效帮助企业更灵活地适应千变万化的外部环境，增强企业的竞争能力和破局能力。从市场竞争日益严峻的角度出发，松散型战略设计更加符合时代发展的需求与商业破局的需要。

比如，苹果手机在中国有一条完整的产业链和生态链，很多产业链上的企业就会将全部的机会压在与苹果公司的合作上。正因为如此，它们在设计战略的时候，就会选择紧密型战略，密切配合苹果公司的行动。在过去十几年时间里，这些企业依靠着苹果公司的巨大订单，获得了快速的发展。然而，随着外部环境的变化，国内部分制造业迁移，苹果的产业链也开始向印度、越南等地迁移，很多供应商一下子失去了订单，只能宣告破产。

麦当劳制定的全球化战略，是一种松散型战略。麦当劳在进入不同的国家和地区后，面临着不同的文化，也面临不同的市场、供应商、加盟商和消费者。在寻求合作以及开拓市场的时候，麦当劳会采取相对宽松的管理模式，会充分尊重当地的文化习俗，确保双方可以进行长期的合作。

一个好的战略设计必须兼顾客户的利益、股东的利益和企业发展的未来，而想要做到这一点，就需要坚持按照正确的步骤去构建自己的战略。

首先，企业必须找出自己发展的症结所在。诊断问题是战略设计的起点，只有弄清楚主要的问题是什么，是什么原因导致相关问题的出现，企业才能针对性地进行战略设计，将内在诸多复杂的能量进行转化，形成更为清晰明确的发展方向。在这个过程中，企业需要审时度势，领导者也不要被自己的野心蒙蔽。

其次，在明确症结之后，直面这些问题，然后制定解决方案，调动各方面的技术、资源、知识、技能朝着正确的方向发力。在解决问题的过程中，企业需要明确自己的核心优势，并且选择在自己最擅长、赢面最大的赛道上竞争。

最后，当战略明确之后，就需要在接下来的行动中贯彻和落实这一战略，确保战略的知行合一，消除层级阻力和组织惯性。同时，要明确战略对个人的作用，契合以人为本的企业文化，这样才能够在执行过程中遭受更小的阻力。

1999年，马克·贝尼奥夫离开甲骨文，然后创立了客户运营公司Salesforce。在创业之初，贝尼奥夫面临着一个巨大的难题，那就是如何将产品卖出去。Salesforce在推广自己的第一个重要产品SFA（销售力自动化）时就遭遇了瓶颈。按照贝尼奥夫最初的判断，很多公司做出需要购买SFA的决策，都是由这些公司的信息技术部门做出的。而Salesforce作为一家初创企业，知名度实在太低，其他公司的技术人员在浏览公司的主页时，根本不会进行注册。贝尼奥夫最初给出的解决方案是，拒绝通过企业购买相关产品，而是让个人用户以较低的费用直接购买访问权，不过这个方法并没有奏效。

很快，贝尼奥夫就改变了战略，它允许一家公司最多可以免费注册5名用户，超过5名用户的就需要每月支付50美元。过了一段时间，通过电话销售和直销的方式来吸引顾客，加上公司推出了更多更好的产品，因此公司的销量开始不断增长。也正是因为如此，Salesforce迅速发展起来，并且成为第一家在纽约证券交易所上市的互联网公司，贝尼奥夫设计的"软件即服务"的发展战略，也成了众多企业学习和模仿的典范。

　　考虑到企业发展战略的制定或者设计必须由内部的一把手来指导，企业的战略要反映他的意志，而不是规划研究部门的意见。因此，企业的领导者必须具备出色的个人能力、广阔的视野以及更大的格局，能够站在更高的层次上看待企业的发展问题，从而设计出更加合理的战略方针。

严格推进战略实施，确保计划得到落实

在制定战略之后，企业就会进入战略实施的阶段，不过战略实施并不完全按照战略规划来推进。企业在制定战略的时候，需要进行科学的分析，需要借助市场数据来论证，需要强调对客观事实的把握，有时候甚至需要依靠直觉进行辅助性决策。在整个过程中，企业需要不断调整、不断完善自己的战略。而等到战略确定下来之后，相应的计划和实施方案就得到了明确。企业必须竭尽全力推动战略的实施，确保战略规划中的所有方案能够落实到位。

如果说战略制定是引导人们做正确的事，那么战略实施就是引导人们正确地做事。在战略实施的过程中，企业必须把握三个基本原则：适度合理原则、统一领导原则和权变原则。

适度合理原则，是指企业在执行战略计划的时候，不可能完全按照原先的战略计划行事，而是需要根据具体的情况进行适当的调整。比如，战略内容和特征可能会发生一些细微的变化，企业这个时候不能完全照搬计划，必须保持适度的灵活性，只要不妨碍总体目标和战略的实现，那么企业完全可以进行适当的创新，确保战略执行的效果。

严格来说，战略的实施不是一个简单机械的执行过程，执行人员的创造力、革新意识也是非常重要的一部分，战略实施过程本身就包含了战略的创造过程。战略规划的制定本身就是对旧文化、旧体制的变革，这种变化可以延续到战略执行的过程中。

统一领导原则强调战略的实施应当在高层领导人员的统一领导和统一指挥下进行，目的就是确保企业内部的资源配置、组织结构调整、企业文化建设等诸多内容可以在相互协调、相互平衡的状态之下稳步推进，从而提升企业的运行效率，更好地帮助企业实现战略目标。从管理的角度来说，企业的最高层领导掌握的信息更多，对战略的理解最深，让他们统一领导和统一指挥战略实施，无疑可以提升管理效率。

权变原则强调的是当内外部环境发生变化时，企业必须对战略实施做出相应的调整。许多人认为企业经营战略的制定是完全固化的，是不可更改的，这样的想法非常片面。战略制定本身就被局限在一定的环境条件当中，而事物本身处于不断变化之中，环境也会不断变化，因此在战略实施过程中，事情的发展与原先的假设会出现一定的偏差，战略实施也必须尊重这种偏差。当企业内外部环境发生重大变化的时候，原定的战略规划可能会遭遇很大的问题，这个时候就需要进行重大调整。

权变是一种灵活应变的机制，关键在于企业对环境变化程度的掌控。在内外部环境发生巨变的情况下，企业不能墨守成规，而必须及时做出重大的调整，避免企业陷入困境。如果环境变化不明显，那么企业就没有必要修改原定的战略，以免动摇发展的目标。

比亚迪从2003年开始造车，当时王传福虽然也畅想过绿色能源产业，但公司始终坚持低价营销的战略定位，所推出的车型基本上都是以低价来占领市场。2011年，比亚迪遭遇了较为明显的业务下滑和营收下滑，王传福意识到企业需要改变战略，不能再走"低价取胜"的老路。随着国家对新能源产业的扶持，王传福很快就下定决心进行战略转型，提出"公司未来的重点是新能源业务，但也兼顾传统汽车和电子产品业务"的口号。

2011年7月19日，比亚迪开始为旗下的锂电池公司和汽车公司融资。随着能源紧张问题、环境污染问题的加剧，很多国家开始布局新能源，而提前做好布局的比亚迪则顺利把握住时代发展的趋势，成为新能源汽车领域强大的竞争者。

战略实施需要把握以上三个原则，但无论是调整、变革，还是统一的管理，最重要的还是要确保战略实施围绕着客户的需求来进行。从某种意义上来说，战略本身就是为了迎合市场和客户而存在的，它的调整也跟着市场环境的变化而变化，其中，客户需求的变化是影响战略实施的关键因素。为了更好地服务客户，为了更好地与客户需求相契合，战略实施必须在各个方面打好基础。

首先，企业要不断创新，并且为创新提供经济保证。这里谈到的创新主要是指坚持以市场为主导的产品创新，而不是盲目崇拜技术。一般来说，企业需要提前做好产品研发规划和策略，推动内部的创新活动，降低技术研发失败的风险。

其次，企业需要提高市场敏锐度。良好的市场敏锐度可以让企业清楚感知消费者想要的到底是什么，以及想要通过何种方式获取该产品，这样就可以提前做好应对准备。一个好的战略应该满足"快速行动+快速迭代"的发展需求，而满足发展需求的关键在于企业的市场敏锐度是否出色。即，企业需要及时了解市场的变动，了解顾客内心真实的想法。

再次，企业需要拥有优秀的领导者及科学的管理方法。优秀的管理者及科学的管理方法可以优化企业管理模式，提高企业活力和执行力。像乔布斯、董明珠都属于优秀的管理者，他们可以为企业的发展制定合理的战略，也能协调内部员工之间的关系，引导各部门的工作人员保持在同一个战略方向上。

最后，企业需要提高产品质量，提升广告的传播力。企业想要快速发展，想要推动自己进入一个新的状态，就要保持强大的竞争优势：提高产品质量是为了让产品的价值更高，提升广告宣传则是为了吸引客户和顾客买单。比如，在里约奥运会期间，中国家电品牌就相继入驻奥运会的多个奥运场馆和配套项目，正式成为里约奥运会赞助商。这种合作本身就是一次绝佳的营销。

总之，战略实施需要在最高领导者的统一指挥下展开，然后依据市场变化和客户需求适度进行调整，确保企业可以真正实现战略突破。

战略突破离不开精准的战略定位

　　1938年3月1日，李秉喆以30000韩元在韩国大邱市成立了"三星商会"，开始向中国出口蔬菜、水果和干鱼。随着产业越来越大，李秉喆开始有意变革。"二战"之后，各国对工业制造非常重视，李秉喆敏锐地意识到工业制造的重要性，所以开始制定业务转型的战略。这个定位为三星最初的发展奠定了基础。到了20世纪50年代，三星逐步扩展为制糖、制药、纺织等制造业，并正式确立为家族制企业，三星开始初具规模。

　　到了20世纪60年代，李秉喆预感电子产品将会拥有很大的发展前景，全球电子工业的发展将会进入一个高峰，所以他制定了新的战略目标，将三星的主营业务定位为电子产品。正是这一定位，使得三星在未来几十年时间内成为国际市场上最具实力的科技公司之一。

　　1987年，李秉喆去世，其子李健熙成为三星公司的接班人。他提出"第二次创业"的口号，对三星公司的业务结构进行重组，将电子与半导体结合起来。进入90年代，李健熙瞄准了通信市场，并认为三星公司应该在这一领域加大投入。但是，由于过分追求规模和利润，导致三星公司的手机质量问题频出。为此李健熙在战略执行的过程中开始做出调整，其中最重要的就是强化了设计的作用，他亲自启动了多个设计项目来推动三星的成长。不久之后，他确立了企业发展的新战略（明确了战略的新定位），那就是将设计能力和创新能力作为企业的核心资产来看待，而正是这个定位促进了三星的进一步发展。

企业的发展离不开好的战略定位。企业如果想要实现战略突破，想要在日益激烈的竞争环境中快速突围，那么就需要做好战略定位，弄清楚自己适合做什么，应该做什么，未来最值得做什么，应该怎样去做。战略定位就是为了让企业变得更具竞争力，并找到更好的突破口。战略定位就是指具有攻击性的市场精准定位，企业要想打开某个市场，往往需要一个核心定位，或者说是全局的中心，这就需要做好战略定位。

战略定位是一种未来发展边界的划分，只有了解什么能做，什么不能做，企业才能在不断的尝试和发展中沉淀出属于自己的核心竞争力。

比如，华为公司的战略定位是"全球ICT基础设施和智能终端提供商"。按照这个定位，华为就不会涉足零售行业、房地产、股票市场，也不会花费时间和精力搞电商或者基建，它会集中力量投资手机、智慧屏、智能驾驶等市场，并进行一系列的布局与行动。华为之所以可以突破重围，成为通信设备领域的领头羊，就是因为拥有良好的定位。

又比如，雅迪电动车的广告语是"更高端的电动车"。从广告语中就可以发现，雅迪的战略定位就是发展更高端的电动车，无论是电动车的功能，还是电池的质量，以及产品的价格，都与普通电动车区别开来。正是这样的战略定位，使得雅迪一直专注于打造高端产品，并在电动车领域迅速成为大品牌、高质量、高档次的象征。

德邦物流的战略定位是大件快递的发送。很多物流公司或者快递公司会强调"物流"这个功能，却没有对物流行业进一步细分，因此很容易在物流行业的各个赛道上迷失方向。而德邦物流重点将赛道定位为大件快递的发送上，这样就可以集中更多的力量来提升这一赛道的服务水平，而这也是德邦物流可以在众多物流公司中脱颖而出的原因。

许多企业认为战略定位就是要求公司往高处爬，走高端路线，就是要求公司设定远大的目标和伟大的远景，其实这是不正确的。企业如果有机会走高端路线，有机会追求更高远的目标固然可取，但并不是所有的企业都有条件往上走。真正合理的战略定位，应该符合企业自身发展的实力和面临的处境，只有最合适的才是最好的。合理的战略定位可以帮助企业明确未来一段时间内主攻的方向，这是建立企业核心竞争力的前提。

战略的本质就是选择，而选择的核心在于取舍。企业可能会面临很多机会，会拥有多种不同的定位选择，而企业要做的就是放弃那些不合适的定位，不做那些不应该去做的事情，将大部分能量聚焦在真正适合自己长远发展的业务上。

企业想要做好战略定位，最核心的一点就是努力从多种多样的业务维度中，找到企业要聚焦的业务边界。业务维度本身包括区域、产业、价值环节、客户类型、价值定位、产品服务、核心竞争力、竞争地位等内容，而企业要做的就是通过思考、讨论的方式，从中提炼出企业的战略定位。为了更好地进行提炼，企业需要对外部机会、企业禀赋、企业远景等因素进行分析，筛选出最适合自己的战略定位。与此同时，还要采取"暂时定位，不断完善"的策略，对于那些能够明确的东西就先确定下来；对于那些想不清楚、没有绝对把握的东西，不妨先搁置在一旁，之后在发展过程中不断进行解释和调整。

当企业明确了战略定位之后，就等于在外部的用户头脑中确立了一个用以决胜的位置；然后以这个位置为导向，对企业内部的所有资源进行合理配置、合理运营，确保企业可以创造出最佳的经营成果，可以实现自己的发展目标。

了解战略突破的两个维度，坚持以客户为中心

在传统的供应体系中，企业作为产品和服务的供应者，在供需关系中占据主导位置，企业生产什么、供应什么，消费者就接受什么样的产品和服务。这种以企业计划为核心的发展模式显然无法应对当前的市场环境。物质越来越丰富，产品越来越细化，加上消费心理的变化，买卖关系发生逆转，需求端开始占据主导位置，企业的生产、经营和服务活动必须围绕着需求的变化来转动，客户需求成了一个核心因素。

1985年，海尔总裁张瑞敏砸冰箱事件震动整个行业。当时，青岛海尔从德国利勃海尔引进了先进生产设备，这让大家对产品的质量有了绝对的信心。可是1985年的一天，有个海尔用户给张瑞敏写了一封信，信里说自己购买的电冰箱存在质量问题。张瑞敏非常震惊，于是对仓库进行突击检查，结果发现仓库里存放的400多台冰箱中竟然有76台不合格。当时不少干部认为这些冰箱只是有轻微的划痕，根本不影响正常的使用，干脆打折促销，卖给工人算了。那时一台冰箱价格为2000多元，而一个工人工作三年也挣不到这么多钱。更何况当时的冰箱销量非常火爆，根本不愁买家，只要稍微降低价格，这些受损的冰箱一样可以快速出货。

张瑞敏没有迟疑，直接在全体员工大会上宣布，让生产冰箱

的人亲自砸掉这76台冰箱，绝对不能让它们流入市场。不仅如此，他还以个人监管不力为由，对自己进行了处罚，扣除当年全部的工资，并且明确规定，以后谁生产的冰箱出现问题，就扣除相关负责人的工资。

许多人认为，这件事是中国企业质量意识觉醒的标志，其实它更是中国企业市场意识觉醒的标志。经过之后几十年的发展，海尔集团一度成为中国企业的标杆，其提倡的以客户需求为导向的市场意识，也开始深深烙在中国企业家心中。

坚持以客户为中心，如今已经成为很多国内企业的共识，这种客户导向的经营模式也为战略突破创造了机会。战略突破拥有两个维度：以客户需求洞穿企业经营，以客户价值看破市场竞争。

以客户需求洞穿企业经营，指的就是企业经营活动的展开必须迎合客户需求，必须围绕着客户需求来转动。企业经营的目的是满足客户的需求，是让客户享受到最好的产品和服务，而不是单纯地把产品卖给消费者和客户。因此，企业需要积极做好市场调研工作，需要时刻保持对市场的关注，还需要敏锐地感知市场上的微小变化，及时发现和挖掘市场新需求，在必要的时候还可以针对市场上的动向为客户创造新需求。

屈臣氏拥有丰富的上游生产资源，它会定期将终端消费市场的相关信息反馈给上游的生产企业，督促上游企业不断调整产品。为了让客户满意，为了打动消费者，屈臣氏会认真研究客户的需求，无论是产品的原料配置和采购、产品的外在包装和广告，还是产品内在的容量和定价，每一个环节都争取符合客户的预期。正因为处处为客户着想，屈臣氏提供的相关产品就像是为目标客户量身定做的一样。即便是一瓶看起来再普通不过的蒸馏水，它也会想尽办法取悦消费者，无论是外在的造型，还是蒸馏水的颜色，都努力和其他品牌的产品区别开来。

以客户价值看破市场竞争，主要强调通过对客户价值的把握来构建竞争优势。所谓客户价值，简单来说就是客户所感知到的价值。有人认为客户价值是在最低成本条件下所要求的客户满意度，有人认为客户价值就是客户与产品之间建立的情感连接，也有一些人认为客户价值是客户在使用产品过程中产生的偏好性认知和评价，还有人认为它是产品为客户提供的各种价值，包括功能、社会、情感、认知、情境价值。

早在20世纪90年代，就出现了"客户价值"这个词，它很快就成为西方营销学者和企业高管重点关注的内容。大家都认为客户价值是创造竞争优势的关键，原因就在于客户的价值取向往往决定着客户消费行为。此外，在某些特定条件下，客户才是最大化价值的潜在追求者。从这个角度出发，企业为客户创造价值，就可以吸引客户、创造客户。客户价值就是企业价值，没有客户价值的话，也就不存在企业价值。

客户价值与产品或服务的使用紧密相关，但与股东价值不一样，客户价值是由客户决定而非企业决定的，是客户在权衡得失后得出来的结果，只不过它最终还是由企业提供的。企业在制定发展战略的时候，必须将突破点放在对客户价值的把握上，提供更多让客户满意，能够被客户所感知的价值，以此来强化自己的竞争力。

总之，企业想要在战略层面上找到破局的点，就要把握战略突破的两个维度，迎合客户的需求，保障客户的利益，打造更受市场欢迎的产品和服务，并以此来提升客户的信任感和忠诚度。

把握战略突破的五个基本路径

战略突破并不是随意的、盲目的，它需要寻求更加稳定的、安全的、高效的途径，需要全方位保证突破的效用。这种突破往往以价值提升和竞争力提升为前提，目的是确保企业获得更强的盈利能力。

一般来说，战略突破有五个路径。

第一个路径：从低端品牌向高端品牌转型。

一个企业的发展必定是从无到有，从小到大，从普通到优秀。在整个过程中，企业需要明白：想要让自己变得更加强大、更加优秀，甚至成为一家大企业，并不是单纯地计算企业卖出了多少产品，获得了多少营收，拥有什么样的市场规模，而要看企业的品牌价值有多大。企业想要更长久地发展下去，想要持续输出自己的影响力，就需要打造一个强大的品牌。因此，企业战略突破的第一条途径，就是想办法将自己从低端品牌向高端品牌转型。只有努力成为高端品牌，才能摆脱低端品牌容易被替代的困境，企业才能够获得更大的成长空间和更强大的竞争优势。

第二个路径：从产品经营向服务经营转型。

大多数企业都注重卖产品，它们认为产品代表了企业的实力和价值，只要为客户提供优质的产品，就一定可以获得大量的市场。但是，随着产品同质化日益严重，随着消费者越来越重视消费体验，相比于获得产品，他们更喜欢体验拥有产品、享受产品的过程。于是，服务成了他们最看重的要素，毕竟服务往往具有高附加值，而且更容易将不同的企业和商家区别开来。

比如，绝大多数火锅店卖的是产品，它们想尽办法在食材、配料、锅具、烹饪方法上大做文章，不断推出好的火锅产品，但仍旧免不了在越来越卷的行业中被淘汰出局。相比之下，海底捞更加看重服务，虽然它的产品也很不错，但消费者愿意去海底捞用餐，主要是为了享受良好的服务。

第三个路径：从低维经营向高维经营转型。

很多企业之所以面临严峻的生存环境，之所以很难在竞争中占据优势，甚至面临越来越大的压力，主要是因为这些企业始终处于低维经营的状态。低维经营就是低维度的经营模式，这种经营模式缺乏竞争力，低维经营一般沿用传统的盈利模式，这种经营模式下的企业一般只是卖产品；而高维经营打破了这种传统模式，它更加侧重于打造一个品牌、产品、文化的闭环。

低维经营往往侧重于拼资源、拼技术，企业的竞争手段非常单一，而高维经营侧重于资源的整合，它能够对人才资源、市场资源、资金资源、人脉资源进行快速整合，极大地提升竞争优势。

在低维经营模式中，企业战略同质化、技术同质化、营销同质化的现象非常严重，很难获得更大的发展空间。因此，企业需要努力转型，尽可能进入高维经营的状态，运用更高层次、更高效、更多元、更新的模式发展。

第四个路径：从分散经营向聚合经营转型。

分散型经营战略通常是指企业采取分权制，整个企业直接被划分为若干相对独立的经营实体，各经营实体采取分散决策、独立核算的策略，最终形成一个以企业总部为核心的经营群体。在这里，所谓的分散经营更多是强调企业之间保持相互独立的经营策略。

分散经营往往存在一些不足，那就是过分独立带来的成本增加、协作不紧密、信息沟通不畅、产业升级滞后等问题。随着商业环境的变化，企业想要获得更好的发展，就需要制定新的发展战略，而聚合型经营战略能够有效解决以上这些问题。所谓聚合经营，简单来说是指那些提供同类产品或者服务的企业聚集在一起发展的经营模式。在聚合经营模式下，企业的运输成本、库存成本、交易成本会降低，而且信息共享会降低信息获取的成本。由于企业相互靠近，能够有效保障合作的稳定性，促进内部实现高效的分工与合作，而且知识和技术也很容易在企业集群中相互流动，这样会推动集群内部的技术创新，推动集群的规模经济发展和产业结构升级，从而提高资源的利用效率。

企业只有融入集群产业中，才能更好地获取集群的优势，推动企业技术的进步和经济的发展。

比如，我国的物流公司曾经长期处于分散经营状态，各大物流公司相互独立、各自竞争，很容易陷入低价竞争、创新不足、信息闭塞、产能过剩的陷阱当中。随着社会的发展，各个企业开始转型，开始进行聚合经营，比如加入网络货运平台，借助智能物流大数据的分析来解决相关的问题，采用统一管理、统一配置的方法，高效率融合线下推广运力资源。

经过聚合运营，物流公司可以更好地降低成本。比如，驾驶员可以依赖平台提供的数据和路面信息，找到最合理的路线，也可以借助平台接到更多的订单，避免出现空车来回跑的现象。物流公司向聚合运营转型，有助于推动各自战略目标的实现。

第五个路径：从大众产品向利基产品转型。

想要实现战略突破，产品是一个重要的破局点。在传统的经营模式中，为了赢得更大的市场，企业可能会重点选择大众产品。大众产品是指那些被大多数人需求的产品，油、盐、酱、醋、衣服、大米等都属于大众产品。而这样的产品往往面临很大的竞争力，企业很难真正脱颖而出。正是因为如此，从战略角度出发，企业想要走得更远，就需要挖掘新的需求、创造新的需求，选择另外的赛道做产品。那些立足长远的企业会选择向利基产品转型，利基产品是指"那些市场有需求、有利润但是没有被服务好的产品"。当企业集中资源和力量在这样一个特定的目标市场中时，可以重点经营一个产品和服务，从而创造出更好的产品和更大的服务优势。

企业实现战略突破的策略和形式有多种不同的形态，但无论是哪一种形态，基本上都包含在上述五种途径之内。企业只要按照这些途径去做，就可以更好地在战略层面找到破局的方法。

第三章

破局从内部变革开始，打造高效的组织

什么样的团队，拥有混乱的管理和结构

每个企业都有自己的管理体系，管理体系往往决定了企业的运行效率和发展的水平。管理上的缺陷，很容易引发组织结构的不合理，导致内部的资源分配和流程安排产生混乱，最终使得整个企业和团队或多或少地形成一些鲜明的低效管理现象。这些"管理混乱"的企业很难真正实现商业破局，也很难真正找到很好的经济增长点。

对于企业来说，破局的关键在于变革，而变革的基础就是管理变革，管理变革的前提就是组织结构的变革。组织结构如果出现了问题，就会对管理体系造成很大的冲击，内部的权力体系、资源分配体系、沟通机制、部门之间的相互配合模式等都会受到严重的影响。所以企业在积极着手内部改革的时候，往往会想办法变革组织结构，通过打造更具效率的组织，来提升企业的竞争力，为企业实现商业破局夯实基础。

那么一般情况下，什么样的企业需要进行变革，什么样的组织结构更容易产生管理混乱的现象呢？

一、集权主义团队

集权主义是企业中最常见的问题，无论是公司的核心团队还是核心领导，通常具有绝对的权威，甚至是一票否决权，团队的大小事务都必须由他们掌控。领导者依靠自身的魅力、能力以及权力来推动团队向着统一目标前进，但由于中层领导、基层领导以及一线员工被剥夺了权力，导致整个团队的内部管理缺乏活力，比较单一，无法形成一个健全的体系。这种企业的组织结构，有一个非常典型的特征，那就是权力的高度集中。企业管理者和部门管理者往往拥有绝对的话语权，整个组织看起来非常严密紧凑，但工作效率并不高。长久来看，集权主义的企业凝聚力低下，企业很容易变得松散。

二、官僚主义团队

官僚主义盛行的团队具有典型的几个特征：机构臃肿、部门繁多、"小山头主义"、内部沟通不足、人情大于制度、办事效率低。官僚作风导致企业失去了活力，各部门无法形成统一的合力，制度推行受到很大阻碍。官僚主义团队缺乏有效的权力监督机制，内部结构相对封闭，上下级之间以及部门之间的交流很容易陷入停滞状态，导致工作效率很低。

三、缺乏执行力的团队

缺乏向心力的团队可能拥有健全的机构，拥有很好的战略规划和完善的执行方案，但无法将好的规划和制度落到实处。企业管理者热衷于开会，热衷于理论上的研究，不具备冒险精神，缺乏实践的魄力。机构内部层级较多、机构臃肿，信息流通存在很大问题，执行者被动接受任务，欠缺主观能动性，以至于企业的管理不能产生预期的结果。缺乏执行力的团队，其内部结构往往比较松散，整个团队的控制力稍显不足。

四、盲目追求规模的团队

很多中国企业尤其是中小民营企业，对于发展规模非常痴迷，更大的市场、更多的生产线、更繁复的结构、更多的员工、更大的客户群，往往是追求的重点。这样就使得整个管理机制侧重于追求数量，而不注重质量，企业存在成本高、回报低、竞争力低的情况。盲目追求规模又导致管理水平跟不上，引起管理与经营的脱节，企业的行动会越来越缓慢，在内耗中不断失去活力。这类企业可能会成立很多分公司和子公司，可能会盲目增加层级结构，会大幅度增加员工数量，而这种扩张模式，可能会导致企业变得"大而不强"，很容易被高成本、低效率拖垮。

五、被动应对型团队

应对型的团队有着比较不错的适应能力，它们可以在大环境出现变化时，采取切实有效的方针来做出调整，保证自身的生存空间。目前越来越多进军国际市场的中国企业都在积极打造应对型的团队。不过，仅仅依靠调整能力是无法在"快鱼吃慢鱼"的时代赢得发展先机的，优秀的企业必须具备主动预测环境发展、市场变化的能力，主动进行调整和突破。这种类型的团队看上去非常注重上下级的管理，但是内部的沟通机制存在很大的漏洞，由于组织结构不合理，导致企业对市场的感知能力非常低，企业往往难以跟上市场发展的脚步，而这也注定了它们很难真正找到自我突破的契机。

六、过分保守型团队

这一类团队不喜欢求变，内部机制比较僵化、缺乏冒险精神、内部改革步履维艰、市场敏感度低。相比于其他类型的企业，保守型企业的制度往往会相对落后，流程控制非常严格，员工可发挥的空间很小。过分保守的企业在管理上偏向守旧，整个组织结构流程的设置不够灵活，无法真正适应时代发展的需求。它们能够发现好的发展机会，能够发现自身存在的诸多问题，也能够产生非常好的计划，但它们缺乏足够的勇气和魄力将好的策略付诸实施，无法真正为企业的变革提供强大的信心和动力。

以上这些类型的企业在管理上存在较大的漏洞，组织结构也并不合理。它们很难真正实现长远的发展，更别说在市场上实现突围了。

了解组织变革的三个阶段

每个企业都有自己独有的组织结构，组织结构是指企业全体成员为实现企业目标而进行分工协作，并在各自的职务范围、责任、权利方面形成的一种结构体系。清晰的组织结构，可以确保各个管理职能得到充分的发挥，但随着企业的发展，企业的组织架构也需要跟着变化，否则就很容易出现问题，进而影响企业的运行效率和发展。企业需要及时对组织结构进行调整与革新，打造一个更加合理、更具效率的组织。从某种意义上来说，组织变革是企业发展的必然结果。

组织变革是企业管理中比较常见的内容，是指"企业在相关负责人带领下，运用行为科学和相关管理方法，对组织的权力结构、组织规模、沟通渠道、角色设定、组织与其他组织之间的关系，以及对组织成员的观念、态度和行为，成员之间的合作精神等进行有目的的、系统的调整和革新，以适应组织所处的内外环境、技术特征和组织任务等方面的变化，提高组织效能"。

企业组织变革一般是为了适应外部环境的变化，目的是改善和提高组织效能。对于企业来说，想要保障组织变革工作的顺利实施，往往需要考虑几个重要事项，但是不同的企业需要依据自身的情况进行适当调整。

首先，要统一全员思想。具体来说，就是召开内部启动会，说明企业面临的危机和困难，以及维持现状产生的严重后果，让所有人意识到变革的重要性和迫切性。

其次，要获得中高层领导者的支持。一般来说，企业应该及时组建变革推动小组，邀请公司一把手担任组长，负责相关的变革工作，然后将各部门负责人拉入小组中。公司以及各部门内部的一把手可以协调各部门之间的利益关系，减轻组织变革过程中遭受的阻力。

再次，要保障员工权益。组织变革不应该牺牲员工的利益，相反，只有充分保障员工的利益，变革才能赢得更多的支持。

最后，应该提供制度流程保障和监督。在推进变革的过程中，企业需要配套相关的制度、文件及监督部门，强化内部的监督，坚决消除那些阻碍变革的反对势力。

了解组织变革的注意事项，可以为组织变革打好基础。企业在开展组织变革之前，可以先做好准备，比如设计一个更为合理的变革方案，先在内部寻找助力，赢得更多的支持，这样做可以减少变革的阻力。

了解组织变革所需的一些基本要素，并不意味着就可以直接进行变革。组织变革需要一个渐进的过程，因此企业需要控制好进度，按照变革的步骤一步一步去走。一般来说，组织变革分为三个步骤。

第一步，解冻阶段：改革前的心理准备阶段。

变革的第一步就是对当前行为进行解冻，解冻阶段往往是一个心理调整和适应的阶段。比如，当人们对某件事情心存偏见的时候，为了减少偏见，人们可能会依赖情感上的宣泄来解冻，或者直接参加一些敏感性训练，提升自己的抗压能力和情绪控制的能力。企业如果想要进行组织变革，那么实现解冻的方法就是参加一些管理培训课程。变革是为了更好地参与，也是为了调查信息的反馈，更多地了解组织管理过程中存在的诸多严重问题。总的来说，企业必须让更多的成员相信变革是有必要的，能够解决当前存在的诸多问题，能够缓解他们内心的不安，同时帮助员工意识到自己的价值，帮助他们产生更大的心理安全感，让他们明白即便自己做错了事情也不会受到惩罚。

第二步，变革阶段：变革过程中的行为转换阶段。

变革阶段的目标就是将企业相关制度从现有的行为水平和运行水平，提高到一个新的高度。在这个阶段，相关的行为需要进行转换，企业高层需要对组织变革进行干预，推动转换的速度和效率。

变革阶段也被称为"认知重建"，即引导人们在未来以不同的方式看待问题，并且以不同的行为做出反应。在这个过程中，可以先采取换位思考的方式，尝试着将反对者的观点当成自己的观点来看待。为了减少冲突，企业需要想办法协调不同立场人的关系，在协调的过程中，努力寻找有利于变革的相关信息和条件。

第三步，再冻结阶段：变革后的强化阶段。

再冻结的目的是确保新的行为与变革本身相比相对更稳固，再冻结的过程可能会产生新的模式，比较常见的就是设计和制定一些激励制度，从正面强化那些符合期望的变革。这个过程往往是为了帮助客户融入变革之中，具体来说，就是在变革者做事方法出现变化时，让那些与其配合的客户也进行变化，以维持彼此之间的关系。这个时候，人们可能需要公开地和他人讨论做事情的新方法，让对方理解变革的方法是更合理的。

组织变革并不是一蹴而就的，需要一个过程来进行。这个过程的本质就是改善内外部环境，将原本对立或者容易引发对立的关系进行梳理，让组织变革的直接反对者和担心受到伤害的群体慢慢转变思维，重新认识变革带来的影响，从而减少变革的阻力。

打造扁平化的组织结构，提升工作效率

管理学中有一个著名的崔西定律：一个人处理事情的困难程度与其执行工作的步骤有关，工作步骤越多，难度也就越大。一般来说，工作步骤数目的平方约等于做事情的难度系数，假设人们完成某项工作共分为3个步骤，那么这件事的困难程度可能达到了9；假设完成工作的步骤为5个时，这项工作的难度系数就会变为25。

企业管理常常受到崔西定律的影响，当一家企业的管理层级很多时，管理工作的难度也会增加。比如，管理学上有一个著名的沟通漏斗理论：一个人想要表达100%的信息，但是在交流过程中往往只能传递出80%的信息（很多信息被自己遗漏或者隐藏），而由于受到沟通环境、心理状态、交流方式、文化水平的影响，对方可能只能接收到60%的信息，而在这些信息中，对方或许只能听懂和理解大约40%的信息。等到最终执行的时候，也许已经跌到了20%左右。如果沟通的层级增加，那么信息传播的效率会更低，信息出现扭曲、遗漏、隐藏等情况会变得更加严重。

想要消除沟通漏斗的影响，除了提升个人的表达能力和接收者的信息接收能力之外，还要注意层级的影响。一般情况下，沟通层级越多，表达中遗漏或隐藏的信息越多。由于社会地位、文化水平、理解能力高低导致的信息接收越来越少，个人的执行情况也越来越坏。为了提升企业内部的沟通效率和工作效率，就需要进行组织变革，而组织变革的关键就是压缩相关机构，其中压缩层级成了一个重要的方法。

　　谷歌公司的创始人埃里克·施密特曾经说过："世界上存在这样一种矛盾，几乎没有一家企业可以逃脱它的困扰：虽然每个人都在表态希望通过扁平式结构拉近与上层之间的距离，但就内心真实想法而言，多数人仍然对等级制度的延续充满期待。那些拥有创新理念的精英拥有不同的想法，他们始终希望扁平的企业结构，原因不在于他们渴望能够与上层平起平坐，而是希望自己可以在公司里多做一些工作，而想要完成任务就需要强化自己与决策者之间的沟通。正是因为如此，拉里和谢尔盖曾经尝试着取缔整个管理层，他们发起了一场名为'解散组织'的重大改革。"

　　多年来，谷歌的管理层一直致力于打造扁平化的沟通机制，为此公司做出了特殊的一项规定：每个人距离公司总裁的级别不超过3级。公司鼓励任何人主动接触高层，每个人都可以零距离地接触高层，并提出自己的意见。这样做的目的就是压缩内部沟通层级，避免层级过多带来的沟通效率低下、组织机构臃肿、官僚主义严重等问题。

　　目前，大部分的企业仍旧坚持打造金字塔一样的层级组织结构，这是阻碍它们提升工作效率、提升市场反应能力的关键要素，更是影响它们破局的关键。企业想要获得发展，想要突破市场竞争的束缚，就要打造一个扁平化的组织，增大管理幅度，简化和压缩管理层次，取消更多的中层管理岗位，确保指挥链条达到合理的长度。

　　扁平化的组织可以确保基层员工与市场上的客户接触，避免客户反馈信息向上级传达过程中出现失真和滞后，从而提升对市场的感知能力，及时了解市场的变化，更快更准地针对市场变动做出合理的应对措施。此外，层级的压缩可以确保员工受到的层级压制减少，这样一来，他们获得的支持就会越来越多，工作空间和工作权限也会越来越大。在打造扁平化组织的时候，管理者需要下放权力，确保员工在某些工作上拥有自主决策的权限，并对最终的结果负责。纵向垂直层级的压缩还会间接地促进内部横向协作，强化点对点的关系，有效激发员工的责任感和工作动力。

扁平化不是盲目压缩层级，也不是层级结构越少越好。企业的组织结构不同，发展情况也不同，如果盲目缩减和简化层级，可能会对企业内部的正常运转带来很大的影响，因此企业应该按照自身的情况适当进行改革，确保企业层级结构的压缩是为企业发展服务的。此外，在简化层级结构时，也要坚持循序渐进的原则，不要一开始就大刀阔斧地削减掉相关的层级结构，这样做可能会引发内部强烈的反弹，增加变革的阻力。

难以压缩层级的企业想要避免层级结构过多带来的沟通不畅的问题，可以选择构建一个扁平化沟通机制，打造一个信息分享平台，或者在最高层和一线员工之间构建一条沟通通道，确保信息的直达。企业也可借助数字化技术，推动信息交流，或者定期举办一些内部交流活动，通过更多交流来消除层级结构过多带来的阻力和影响。

构建一个去中心化的管理体系

科学家曾经一度认为蜂群都是由蜂后控制的，蜜蜂围绕着蜂后转，它们的所有行为都是由蜂后直接下达指令的。可是经过长时间的观察和分析，科学家发现事情并非如此，蜂后并不会下达任何指令，蜜蜂的行动也不受到蜂后的控制，不同职能的蜜蜂在蜂群中有着明确的分工，并维持蜂群的正常运转。掌控这一切的是一种无形的力量，就像大家已经约定俗成的那样，所有的蜜蜂都能够从这种神秘的力量中明确自己应该做什么。

更直白地说，控制蜂群的从来不是什么蜂后，整个蜂群实际上没有一个明确的中心，蜂群内部的管理完全被一只无形的手控制，这就是去中心化的管理模式。所谓去中心化管理体系指的就是消除层级管理的形式，管理不再是某一个人的职责，指令也不是由某一个特定的人下达，而是全体成员共同参与。去中心化并不是形式上消除一个特定的管理者或者管理机构，而是通过内部的文化、信仰、目标来引导全体成员共同奋斗。

在互联网时代，伴随着客户端和互动平台的崛起，用户群体也开始逐渐分化，并细分成更多不同层次、不同类型、不同需求的群体，用户群体从原来的无差异化转变成为越来越强烈的个性展示需求。不仅如此，随着社会资源配置结构发生变化，资源整合从最初的线性整合开始向网状结构进化。在这个趋势下，企业的触角越来越多，涉及社会生活的方方面面，并且不断细化，企业的经营变得越来越灵活，跨界竞争开始变得越来越频繁。用户端的变化和企业端的发展趋势，使得企业不得不做出更大的变革，而管理模式发挥着至关重要的作用。为此，企业必须打造一个去中心化的管理体系。

一般来说，一个组织会存在一个核心机构，会存在一个掌控实权的核心管理层以及核心管理者，组织的事务和相关指令都是由这个核心管理机构下达的，金字塔管理结构是常见的管理结构。而去中心化就是要抹掉权力的边界，消除这个管理机构和管理层级，确保所有人可以在内部文化的引导下自主决策、自主行动。管理者手中的权力被让渡给员工，包括决策权、用人权、分配权，管理者只负责提供资源。这样一来，每个员工都成为市场中心。

罗辑思维公司就是采取去中心化的管理模式，虽然创始人罗振宇掌控实权，但在具体的管理过程中，公司采取独特的协作方式。比如，当公司看中一个项目时，罗振宇并不需要决定是否进行投资，公司内部会有一个能力出众的人担任项目负责人，负责人在公司范围内招募同事参与项目，而公司最高管理层不会进行干预，他们要做的就是为这个项目提供足够的资金。在项目开展的过程中，负责人全权负责项目的推进，项目顺利完成后，大家都可以拿到奖金。

在公司内部，那些有能力的人可以获得更大的自主权和决策权，他们也能够获得更多的项目，因此收入会不断提高。而那些缺乏能力的人，专业技能和协作能力都不突出，只能被迫离开公司。这种考核机制无疑进一步激励员工产生强烈的学习能动性，在工作中保持更大的积极性和主动性，而整个企业也会形成更好的竞争氛围。

著名游戏公司维尔福也是如此。这家公司之所以会成为千万游戏玩家的最爱，之所以会推出诸如CS、DOTA2这样的游戏，很大一部分原因就是去中心化组织结构。在维尔福公司，只有一个核心管理层，然后核心管理层下面基本上就没有任何所谓的层级结构了。核心管理层并不会要求员工必须做什么，不能做什么，他们并不会下达什么任务，公司里的每个工程师完全可以发起自己感兴趣的项目，然后在公司内部自由招募队员，组建研发团队。这个团队属于临时性的，只要项目顺利完成，大家的任务也就结束了，整个团队原地解散。然后大家又会各自寻找新的项目，或者接受新项目负责人的招聘。在整个公司里，多数人都没有固定的岗位和职位，很多人今天还是员工，明天就会成为某个项目的负责人。

就目前来说，对大多数企业而言，想要做到完全的去中心化难度很大，完全消除核心机构也不太可能，企业要做的并不是完全抹杀掉中心。有的人认为去中心化就是打造一个扁平结构，这样说并不正确，虽然去中心化会压缩层级结构，但实际上去中心化往往侧重于打造一个网络结构，网络上的点可以相互连接，可以相互作用，而不像过去那样受到核心权力的影响。

去中心化本质上是改变过去那种工作模式和管理形式，从某个程度上来说，去中心化的关键在于去中心化赋能。众所周知，赋能的核心就是释放员工的工作积极性，而想要释放员工的积极性，最基本的一点就是让员工为自己的事情负责，做到个人的责权对等。一旦员工的主动性和能动性被释放出来，他们就可以更加主动地协调资源，完成公司内部的任务。在进行赋能的时候，一定要选择公司内部的节点人物，这些人往往是项目的发起者，拥有强大的个人能力，他们负责项目管理，负责信息的交流与沟通，负责连接和配置内部的资源。整个公司在运作的时候，需要围绕着这些节点人物来转动，资源也必须向他们倾斜。

打造更加灵活高效的组织流程

　　20世纪80年代初期，美国经济因为持续的滞胀危机导致很多企业陷入困境，通用电气公司当时连年亏损，几乎陷入发展的泥潭之中。就在这个紧要关头，韦尔奇走马上任，并且迅速找到了问题的症结，那就是整个公司的发展目标非常不明确，流程管理不到位，员工的工作非常混乱和分散。

　　当时韦尔奇与各级管理人员一同讨论公司的战略问题，让员工了解公司的战略目标，并且反复提醒所有人，如果目标不能实现，那么公司就会面临垮台的危险，所有人都会失业。正因为如此，他能够积极动员公司所有管理人员一起进行大刀阔斧的改革，制定总的战略目标，然后压缩内部机构，下放部分决策权，对目标进行细分，确保产业集团和各个分公司都有具体的经营目标和成本指标，增强公司在竞争环境中的应对能力。这一招很快奏效，员工们都可以按照一个共同目标去努力奋斗，内部的管理开始得到简化，原来臃肿低效的组织流程变得高效，通用电气公司因此得以很快摆脱困境，并且成为当时世界上实力最强大的企业之一。

流程管理一直都是企业管理的重中之重，因为流程管理直接决定了企业的发展状况、运行效率，它是"一种以规范化地构造端到端的卓越业务流程为中心，以持续地提高组织业务绩效为目的的系统化方法"。流程管理应该包括流程架构设计、流程设计、流程执行、流程评估、生命周期管理等几个环节。对于企业来说，想要做好流程管理工作，首先就要设计一个更加灵活、更加高效的组织流程。

所谓流程是指在工业品的生产过程中，从原料的生产、购买到制成品各项工序安排的一个基本程序。合理的流程可以有效提升工作效率，而流程出现问题就可能导致工作重复、工做出现遗漏、权责不明确、相互阻碍等状况。企业想要提升工作效率，想要找到破局的方法，就必须打造一个高效的流程。

中国企业在20世纪90年代就开始重视流程设计和建设，很多企业曾从西方跨国公司那里引入流程管理体系。不过，由于对流程管理并不清楚，许多人将其生动地描述为"盲人摸象"。在摸象的过程中，不同的人被安排在不同的岗位上，有的人负责摸大象的鼻子，有的人负责摸大象的眼睛，有的人负责摸大象的耳朵，有的人摸大象庞大的身躯，有的人专门摸粗壮的大腿，有的人摸象的尾巴……而管理者要做的就是将所有摸象人的工作结果进行汇总和整合，完整地拼出一个终极的大象形态。随着大象的完整身形被摸出来之后，在之后的摸象过程中，大家就可以各司其职，每个人摸不同的部位（自己最擅长摸的那个部位），提高摸象的效率和精确度。

流程的设计实际上就是要求企业弄清楚具体要做什么、先做什么、后做什么、依靠什么来做等问题。流程一般包含了流程的输入资源、流程中的若干活动、流程中的相互作用、输出结果、顾客、最终流程创造的价值这六个要素。它更多的是从执行的角度进行分析，要求相关执行者把个人或组织确定的目标执行到位。而想要执行到位，就需要明确每一个人的角色和职能。

企业管理中通常会提到一个5W1H原则，即What（做什么）、Why（为什么做）、When（什么时候做）、Where（在哪里做）、Who（安排谁来做）、How（具体怎样做）。这个原则其实也是一个关于管理逻辑的原则，做什么以及为什么做，意味着一种规划，包含了发展的方向、目标以及市场的定位；什么时候做、安排谁来做、在哪里做、具体怎样做属于执行的范畴，牵涉到了时间安排、人员和资源分配、方案的实施，是推动企业思想得以落实的基本要素。

对企业来说，这个原则就是一个科学的管理逻辑。优秀的企业会选择最合适的人，在最合适的时机和最适合的地点，以最合适的方法做最合适的工作。在流程安排中，类似的逻辑会表现得更为明显。为了推动流程的完善，企业还需要想办法强化内部的交流机制。可以说，流程设计需要和沟通效率结合起来。

比如，宝马公司在设计工作流程的时候，始终遵循这样一个基本原则：直线经理应当主动将企业目标分解到个人层面，所有的员工都需要明确具体的目标是什么，然后按照这个目标指示去执行。在整个过程中，分享信息必须成为一个工作重点，员工要汇报工作中的问题，而直线经理则侧重于找到解决问题的方案，侧重于找到改善绩效的方法。在员工进行持续反馈时，直线经理需要强化监督审查，并对员工的坦诚沟通行为给予必要的鼓励，这样才能提升工作效率和绩效。

需要注意的是，流程的设计应该围绕着客户需求来进行，客户需求的变化就会推动企业流程的变化，因此企业的流程必须保持一定的灵活性，必须确保所有的环节都不是僵化的，确保所有的工作都不是僵化的。

除此之外，一个高效的流程必须保持一定的灵活性，可以依据具体的情况变化及时做出调整，确保工作不会受到影响。管理学专家斯坦利·麦克里斯特尔在《赋能：打造应对不确定性的敏捷团队》一书中这样说道："以规划、预测为基础的管理模式不再适应当今的挑战，新时期管理模式的基础须对变化中的各种状况都能够弹性十足地适应。组织必须网络化，而不是条块化，这样才能成功。组织的目标不应当再是追求效率，而是让自己获得持续适应的能力。这要求组织模式和精神模式有巨大的变化，还要求领导层持续努力地为这样的变化创造适宜的环境。"

那么，如何才能确保流程不僵化呢？一种比较常见的做法就是设置不同的能力单元，平时只需要根据顾客的需求进行设置，明确自己大致要做的事情，然后在已经存在的能力单元中挑选符合条件的模块，把这些能力单元串联或者并联到一个流程中即可。一般来说，企业可以将常用的流程与不常用的流程进行分类，保存在信息系统之中，这样一来在使用的时候就可以随时激活，调用相对应的能力单元完成顾客所需价值的创造。这种模块化、功能化的流程设置真正体现出灵活高效的特点。

消除不良的组织惯性

众所周知，这个世界上曾经出现了很多堪称巨无霸的科技公司，可是在新时代、新技术到来的时候，却快速跌落神坛，失去了往日的辉煌。之所以会出现这样的事情，表面上看是因为这些科技公司缺乏创新能力，无法跟上时代发展的脚步，可是仔细观察和分析，就会发现事情并没有那么简单。很多科技公司在被竞争者取代之前，其实内部的技术开发者也在接触新技术和新模式，柯达胶卷曾研究数字技术，诺基亚重点研究过智能机，IBM也曾尝试着进行电脑系统的开发，但它们最终都被新技术淘汰出局。这听起来很不可思议，但是事实就是如此，而造成这一切的一个重要原因就在于内部的不良组织惯性太大，对企业追求新事物、新技术、新模式产生了很大的阻力。

比如，这些科技公司的管理者尤其是领导者对于新技术、新模式的关键点知道并不多，所以即便想要革新也不知道从何下手；而那些技术人员虽然最了解市场发展趋势，可是他们在公司内部并没有太多的话语权。技术人员能够开发出好的技术和产品，但是管理层对相关项目并不关心，也没有安排专门的管理者对相关项目和战略直接负责。不仅如此，管理层还在不断制造阻力和压力，与技术开发者对着干，而这些最终抹杀了公司内部创新的种子。

组织惯性是指组织系统在运行一段期间后，抛开外部力量的影响和作用，沿着原有的路径继续运作的一种属性。一些不良的组织惯性会对企业的发展造成严重的阻碍，比如不良的组织惯性很容易造成组织内部僵化，以至于企业的战略执行会被这些惯性严重拖后腿。通常情况下，企业发展规模越大，体量越大，组织惯性也就越大。正因为如此，企业需要想办法消除组织惯性，尤其是内部的层级阻碍，确保企业的战略可以更加清晰明确，并且保证组织的执行力。

许多人认为组织惯性往往和企业发展的规模、层级有关，比如那些大公司就容易产生大企业病，因此企业想要消除组织惯性，就需要想办法压缩层级，减轻组织变革的阻力。同时，还要控制团队规模，规模太大的话就会陷入低效、僵化、滞后的困境之中。也有很多企业在组建项目团队的时候，喜欢追求人数规模上的优势，在它们看来，项目团队中的人数越多，那么人多力量大的优势就可以有效节约时间和成本。其实，这些企业忽略了一个问题，当人数过多的时候，整个团队的内部协作就容易出现问题。

> 亚马逊创始人贝索斯曾经提出了"两个比萨原则"，他认为如果两个比萨也不足以喂饱一个项目团队，那么就证明这个项目团队太大了。人数过多的项目会议并不利于决策的形成，毕竟人数太多的话，意见和想法也太多，那么想要实现最终的统一就变得很困难。缩小团队规模，那么大家在做项目、讨论项目以及做决策的时候，更有利于达成共识，并有助于提升内部的创新。

如果说层级结构和规模是形式上的，那么内在的官僚主义、部门墙才是造成组织惯性的关键。当企业内部官僚主义盛行，部门之间相互封闭、相互阻碍、相互打压时，企业就会陷入低效、分裂的状态，在这种严重的内耗中，企业基本上很难真正破局。因此，企业必须想办法重构企业文化，消除官僚主义，打破部门墙和小山头主义，确保内部能够团结一心，向着同一个目标努力。

说起企业文化的构建，企业除了要消除官本位思想，还必须打造以人为本的企业文化，将企业发展战略与个人发展、个人利益结合在一起，改变员工为个人发展工作以及为部门服务的工作理念。公司必须鼓励员工创新，必须打造一支强大的创新团队，并按照创新所得给予员工更多的激励。身为企业管理者，必须时刻强调企业发展的目标，弄懂为什么制定这些目标，这些目标的实现对个人的发展有什么好处。

　　20世纪90年代初期，IBM的发展遭遇严重的问题，个人电脑市场被苹果、微软等软件同行占领，以至于公司的电脑主机业务急剧下降。与此同时，IBM陷入企业机构臃肿、人员冗杂、部门之间不配合、内部合作困难、互相倾轧的困境。销售人员为了抢夺客户，不仅大张旗鼓地进行客户满意度调查造假，而且还搞起了内斗，诋毁本公司其他销售人员推销的产品。

　　郭士纳上任后进行了大刀阔斧的改革，其中很重要的一项就是消除官僚主义。他率先明确表态，公司里的人必须按原则办事，而不是按程序进行管理，他提拔了一批能够互帮互助的人，并果断开除了政客式的管理者。在内部会议上，郭士纳号召所有人放弃原有的等级观念，鼓励大家坦率交流，还鼓励那些有能力的人提出解决问题的方法。通过一系列的变革，IBM内部的官僚主义得到了很大的改善。

无论是形式上的改进，还是文化上的变革，最终都离不开领导者的支持，因此最高领导要有变革的勇气和魄力。作为企业的实际掌控者和带头人，一旦意识到了变革的重要性，就要拿出魄力，立即着手采取措施，为支持变革的人提供更大的助力，同时还要利用自己的影响力来疏通层级之间的阻碍，确保战略执行的顺利落地。如果最高领导犹豫不决，瞻前顾后，被内部各种势力影响和捆绑，那么他就会丧失变革的主导权，从而变得更加保守和焦虑。

第四章

积极推进商业模式创新，打开新的发展通道

商业模式创新，需要明确内在的逻辑线

在分析企业的发展时，常常需要重点关注企业的商业模式。商业模式是指企业为了实现客户价值最大化，为了实现可持续发展以及持续盈利目标，不断整合内外部生产要素、搭建业务体系、推动建立合作伙伴关系，确保企业可以形成一个具有独特核心竞争力的高效运行系统。像企业与企业之间、企业的部门之间、企业与顾客之间、企业与渠道之间都存在各种各样的交易关系和联结方式，这些交易关系和联结方式都可以称为商业模式。

商业模式的优劣往往决定了企业的发展状况。当企业想要获得更好的发展，想要突破当前的困境时，往往会以商业模式的创新作为突破点，重点构建一个更加高效的商业模式。不过，不少企业认为商业模式就是简单的经营模式，却不知道企业的管理对商业模式的形成至关重要，管理的要素本身就隐藏在商业模式的开发当中。

一般来说，一个成熟的商业模式包含了四个要素：客户价值主张、盈利模式、关键资源、关键流程。

客户价值主张是指企业能够为客户带来什么价值，或者说企业依靠什么来吸引客户，属于商业模式的核心内容，也是衡量商业模式的基本标准；

盈利模式强调企业为客户以及自己所创造的利益，它是商业模式的支撑，盈利不佳的商业模式难以持久运转；

关键资源是指企业最依赖什么资源为客户创造价值，没有关键资源，企业的商业模式就无法构建；

关键流程侧重的是企业为顾客创造价值所需的重要制度以及文化，主要为商业模式的构建提供基本保障。

明确了这四个要素，那么在构建商业模式的时候，就拥有一条明确而清晰的逻辑线。以苹果公司为例，公司首先明确了自己的优势——技术创新，并通过持续的技术创新吸引客户的关注，给客户带来非同一般的使用体验（客户价值主张）。接着苹果公司会强调依靠什么赚钱，那就是手机、平板电脑、电脑、音乐播放器、耳机等一系列电子产品，以及APP的开发、推广和应用（盈利模式）。明确了自己要如何盈利之后，公司开始整合资源，找出最关键的资源，那就是内部研发的iOS系统，这是保证电子产品和APP获得市场的基本保障。最后，苹果公司开始构建内部的创新文化以及严格的管理制度，将企业打造成一个具有强大竞争力的团队。这就是一个非常严谨的逻辑，为苹果公司的发展指明了道路，同时也有效推动了苹果公司内部的管理，真正将管理与生产、研发、销售紧密结合起来。

同样的，亚马逊颠覆了传统的销售模式，通过在线销售和低价引流的方式，极大地冲击了传统书店的市场。这种商业模式的创新慢慢改变了图书销售市场的格局，也让亚马逊成功成长为一个互联网巨头。Uber也是如此，在传统的出租车市场，人们如果想要打车，基本上都是在路上随机拦下车子。这种打车方式往往存在很大的缺陷，比如下雨天，打车的人多的时候，或者处于偏僻的地段，都可能会存在打车困难的现象。而Uber采用了共享经济商业模式，人们可以在打车软件上叫车，从而提升了出行的便利性。不仅如此，Uber还将自己定位成"为乘客提供一种高端和更私人的出行方案"，在Uber这个软件上，人们可以订到加长林肯、奔驰、宝马之类的豪车，也能够订到丰田和大众这样的普通车型。正因为如此，Uber很快占据了汽车租赁市场的大量份额。

在中国，商业模式创新是一个非常火热的话题。从最近几年来看，互联网快速发展带来的商业模式创新最为普遍，其中电子商务就是一个典型案例。阿里巴巴、京东、拼多多、字节跳动这一类互联网公司打造的新型商业模式，完全改变了人们出行购物的行为习惯，而且线上购物的选择性更多，对比传统门店的营销模式和消费模式，电子商务的新模式带来的冲击不言而喻。

这些公司在打造新的商业模式时，都有明确的逻辑线，它们都有清晰的客户价值主张、强大的盈利模式、独具优势的关键资源，以及高效而明确的关键流程。商业模式创新的核心就是价值创造，企业可以为客户创造什么价值，可以为自己带来什么利益，而这四个要素本质上都是围绕着价值创造来设置的。

许多人单纯地将商业模式创新理解为技术创新，只要企业能够研发出新技术，可以研发出新产品，那么企业就实现了商业模式的创新。这是一种非常狭隘的认知，技术创新并不意味着企业商业模式的创新，服务创新也是商业模式创新的重要组成部分。商业模式创新往往涉及多个方面的创新，比如产品的创新、技术的创新、组织的创新、文化的创新，企业组织往往需要进行较大的战略调整。正因为如此，想要真正打造一个创新型的商业模式，企业想要通过商业模式的创新获得突破，那么就必须在各个方面都进行调整和变革。

需要注意的是，企业需要依据自身的实际情况做出变革，无论是技术创新、服务创新，还是组织创新、文化创新，企业都必须结合自己的情况，不能盲目照搬其他企业的模式。

改变企业的收入模式，提升营收效率

企业想要成功破局，那么就需要打造良好的商业模式。那么，什么是商业模式？商业模式的定义："为实现客户价值最大化，把那些能使企业运行的内外各要素整合起来，形成一个完整的具有独特核心竞争力的运行系统，并通过最优实现形式来满足客户需求、实现客户价值，同时使系统达成持续盈利目标的整体解决方案。"简单来说，商业模式是企业为了创造价值、实现盈利而采用的一种框架，它一般涵盖了产品、服务、市场定位、收入来源、合作伙伴关系、运营流程等各个方面的内容。

对于企业来说，打造商业模式的目的就是依赖自身的核心竞争力来凸显价值，并实现持续盈利，简单来说就是弄清楚公司如何挣钱、公司能赚多少钱、公司如何持续赚钱。商业模式的打造与创新本质上是为了帮助企业实现更大的盈利，那么想要通过商业模式创新来实现破局的话，首先就需要改变企业的收入模式。

收入模式就是盈利模式，通常是指按照利益相关者进行划分的企业的收入结构、成本结构以及相应的目标利润，它强调人们必须对企业经营要素进行价值识别和管理，然后在各类经营要素中找到盈利机会。在这个过程中，人们需要积极探求企业利润来源、生产过程以及产出方式。此外，收入模式涉及企业整合自身资源、利益相关者的资源，然后形成一种实现价值创造、价值获取、利益分配的组织机制及商业架构。

一般来说，企业的收入模式包括卖产品、卖广告、卖模式、卖增值服务。卖产品通常是通过产品的差价来盈利；卖广告强调流量导入，吸引大量的广告投资；卖模式就是打造一个品牌，然后吸引更多的加盟商，加盟商在使用这个品牌时，需要支付一大笔加盟费；卖增值服务是指人们能够体验到一些基本的产品功能和服务，但是想要实现功能和服务的升级，就需要支付额外的费用。

无论是哪一种收入模式，都是可以改进的，这种改进包含了三种：第一种是现有模式的升级，第二种是模式的合理切换，第三种是创造一个新的模式。而无论是哪一种，改进的最终目的是寻找一种能够带来最大收益的模式。

很多人会认为麦当劳的营收主要依赖那些快餐产品，比如汉堡、薯条、可乐、炸鸡，但是从现实角度来分析，麦当劳出售的产品利润并不高。以汉堡为例，12元左右的汉堡需要用上好的牛肉和面包，成本非常高，因此卖汉堡基本上挣不到什么钱。可乐或许能挣一点，但是这点收入基本上难以支撑起庞大的产业。

为了提高营收，麦当劳开始整合供应链。首先，它对牛肉、面粉、土豆进行集中采购，这样可以降低成本。同时，它为土豆种植者和小麦种植者免费提供种植改良技术，帮助种植户提升土豆和小麦的产量，产量提升之后，价格也就降下来了。但仅仅依靠供应链改造，仍旧无法获取巨额的利润，真正让麦当劳"挣大钱"的秘诀在于地产生意。

麦当劳在全球市场进行扩张的时候，首先会选择一个合适的地址，然后低价买断当地的土地，或者直接租借土地30年。接着，通过卖汉堡、可乐、薯条等产品，建立麦当劳的餐饮文化，并在当地形成一个商圈。当商圈建立起来以后，就会为麦当劳以及它附近的商区带来巨大的流量。此时，就会有很多商家愿意进入这个商圈做生意，或者直接加盟麦当劳公司，这个时候，就不得不购买麦当劳的土地，或租借它的房子，而地价和房价此时就会不断提高，麦当劳自然就可以通过商圈内的土地和房产获得巨额的利润。从表面来看，麦当劳是一个以汉堡为主的快餐企业，但它最大的盈利却是房地产，也正是依靠这样的商业模式，麦当劳成为快餐领域的巨头。

通常情况下，收入模式的改进需要重点把握一些内容，首先要将自己的经营要素列举出来，找到其中能够盈利的经营要素，其中必须明确核心资源和关键业务。每个商业模式都需要核心资源，这些资源是企业建立细分市场并获得相应收入的关键，包括实体资产、金融资产、知识资产或者人力资源。它们属于一种核心竞争力，一些公司即便没有核心资源，也可以选择从其他公司租用，或者直接从重要的合作伙伴那里获取这种核心资源。

此外，任何商业模式都需要多种关键业务活动。企业想要成功运营，就需要实施关键业务活动，关键业务是创造和提供价值主张、接触市场、维系客户关系并获取收入的基础。一般来说，企业的商业模式不同，关键业务也不同。比如，同样是电脑业务，微软这样的软件制造商侧重软件开发，而戴尔属于一家电脑制造商，其关键业务侧重于供应链管理。

其次，将所有收入模式全部列出来，想办法进行升级和改进。这种升级有时候涉及收入模式的切换，比如企业最初一般都通过卖产品来挣钱，之后可以升级到卖服务、卖品牌、卖广告、卖模式、卖增值服务来盈利。在这个切换的过程中，人们需要寻找和创造更为高效的经营要素，明确更高效的盈利点。比如，麦当劳本身并没有任何土地，但是依靠着产品力和品牌价值的影响力，形成一个商圈，而这个商圈本身就为地产业务的拓展创造了良好的机会。

收入模式的改进工作，可以结合企业自身的发展和环境的变化来进行。

企业发展到什么层次和阶段，就需要选择什么样的收入模式来配合，外部环境的变化、行业的变化同样可以促进收入模式的变革。最重要的是，企业的领导者必须保持敏锐的观察力和应变能力，通过收入模式的变革来打造一个更加高效的商业模式，帮助企业成功破圈。

升级价值链，率先突破行业束缚

1985年，哈佛大学商学院教授迈克尔·波特提出了价值链的概念。波特认为，每一个企业都是在设计、生产、销售、发送和辅助其产品的过程中进行种种活动的集合体。所有这些活动可以用一个价值链来表明。

企业存在的目的是实现价值创造，而价值创造需要通过一系列活动构成，其中就包括内部后勤、生产作业、外部后勤、市场和销售、服务等基本活动，以及包括采购、技术开发、人力资源管理和企业基础设施等辅助活动。这些生产经营活动互不相同，但相互关联，它们共同构成了一个创造价值的动态过程，这就是所谓的价值链。每个企业都有自己的价值链，而价值链的好坏往往影响着企业的发展状况。也正是因为如此，企业通常会想办法通过升级价值链来提升企业的竞争力，并寻求行业突破的机会。

那么，企业应该如何升级自己的价值链呢？

首先，要着眼于产业价值链的高度，沿着价值链爬坡进行商业模式创新。在过去，企业一直强调市场份额，甚至坚持"唯市场份额"的经营理念。但是，有些企业虽然在市场份额方面占据领先优势，但盈利指标却很低，企业陷入了"大而不强"的怪圈，甚至出现企业占据了大部分市场却连年亏损的奇怪现象。想要打破盈利增长的困境，就要改变经营模式，将以市场份额为中心的模式转化为以利润为纲的模式，而归根结底就是坚持"以客户为中心"的经营理念，改变价值链的方向，努力升级价值链。

　　比如，国内有很多企业位于产业链的低端，企业的主营业务就是制造业加工。这些加工大都是一些低端的加工模式，企业获得的收益很少，利润非常低，而且缺乏太多的核心竞争力，因此在整个产业链中的地位是最不稳固的，很容易被其他竞争对手替代。这些企业想要实现商业模式的创新，首先就要想办法改变自己在产业价值链中的地位，努力改变低端加工的局面，尽可能向技术研发、产品设计、品牌策划、售后服务等高端环节和高级业态发展。全面升级自己的价值链，提升自己在行业中的地位，增加自己的竞争力和话语权。

　　其次，要拓宽产业价值链的广度，通过不同产业间的价值链融合展开商业模式创新。随着社会的进步和技术的发展，消费驱动、绿色驱动、服务驱动、技术创新驱动都在推动商业模式的创新，并直接催生出很多新兴业态，这些企业的发展在某种程度上拉伸了产业价值链的广度。企业必须把握这样的发展趋势，尽可能融合不同产业的价值链，拓展出更宽的发展道路，帮助企业实现价值链的提升和拓展。

　　2003年，比亚迪成功上市，在电池领域摸爬滚打的比亚迪终于登上国内电池行业的巅峰。按照正常的规划，比亚迪只需要继续在电池行业深耕就行了，但它并没有满足于此，而是开始了跨领域的战略规划。当时，公司高层认为电池制造仍旧属于低门槛行业，未来的生存压力非常大，公司想要在行业中立足，就要向更高的门槛行业进军，而汽车制造领域正好是一个理想的目标。

　　有的人或许会觉得比亚迪的跨领域发展模式难度太大了，甚至有些天方夜谭，可是如果仔细对比亚迪的业务进行分析就会发现，比亚迪公司的整个产业链中，各项业务之间完全可以发生聚合效应。制造汽车并不是只有发动机、变速箱、轮胎，汽车同样需要一些电子部件、模具、车载电池，而比亚迪在这些领域正好拥有领先优势，之前掌握的那些具备核心竞争力的零件，完全可以用于整车装配。正因为握有一定的优势，比亚迪开始拓宽自己的价值链，开始跨领域融合价值链，并以此为突破点，推动企业的商业模式创新。很多人将比亚迪的这种发展模式比喻成袋鼠的育儿机制，电池行业就像是一个育儿袋，而汽车制造这个新产业就是放在育儿袋中慢慢孵化、安全成长的"小袋鼠"。

再次，要深入挖掘产业价值链的某一环节，着眼于价值链的深度，并以此来推动商业模式创新。严格来说，产业价值链上的每一个环节都有深入挖掘的潜力，都有继续提升盈利的空间，企业必须想办法推动商业模式的创新，进一步开拓盈利的点和面。

以生产洋娃娃为例，很多商家的盈利点就是直接出售洋娃娃。为了增加盈利空间，可能会想办法打造洋娃娃套装，以及一些相互搭配的包装盒。而美国一家生产和出售芭比娃娃的商家，在芭比娃娃身上设置了程序，当小孩子购买芭比娃娃一段时间之后，内置的程序会提醒小主人给自己购买新衣服，芭比娃娃会定期切换不同的职业身份，从而购买不同的职业套装。不仅如此，芭比娃娃还会要求结婚，这个时候，主人往往不得不购买一个男性洋娃娃配对，而且还要购买结婚用的衣服、剃须刀，还要生出第二代洋娃娃（购买第二代洋娃娃）。这种类似于养孩子的模式，可以在未来很长一段时间内源源不断地让消费者产生购买需求。

从次，还可以对价值链进行细分和分解，独立出新的发展业态。随着社会分工的进一步深化，企业可以抓住一些价值链细分环节，从一些大企业的价值链中分解独立出来，最常见的就是外包公司。随着互联网的发展，IT

行业已经形成了一个非常完整的产业价值链，而在这个产业价值链中，不同的企业扮演不同的角色，也拥有不同的业务。有些公司在承接价值链上的项目时，可能会将相关业务外包给其他公司。这些外包公司往往可以集中精力负责某个项目或者相关项目中的某一个子系统，它们依赖于外包业务生存下去，并且会在价值链中分解出一个新的价值链。

最后，想办法拉长价值链的长度，重构某一产业的价值链。一般来说，企业会通过产业纵向重组的方式，找到商业模式创新的突破口。比如，沃尔玛为了提升出货率、减少库存，和宝洁公司进行合作，让宝洁公司负责给它供货，而沃尔玛就成为宝洁公司重要的产品销售渠道。沃尔玛和宝洁公司的强强联合毫无疑问重构了一个价值链，对于双方的发展都有很大的帮助。

需要注意的是，价值链的升级并不是全方位的，因为在一个企业的众多价值活动中，并不是所有的环节都可以创造价值，企业所创造的价值实际上来自企业价值链上的某些特定价值活动，它们也被称为企业价值链上的战略环节。因此，企业想要升级价值链，那么最重要的就是升级这些关键环节。这就好比企业想要做大服装生意，一定要升级自身的设计能力，因为设计能力是服装业的战略环节。企业一旦把握了真正的战略环节，就能够快速推动商业模式的创新。

打造创新技术，颠覆行业的竞争格局

谈到创新的时候，许多人经常会将商业模式创新当成技术创新来看待，认为技术上有了创新，那么商业模式创新就可以实现。其实，两者是不同的概念，技术创新就是指将科学技术转化为具体的生产力，从而创造出更具竞争力的产品，而商业模式则是如何创造、传递客户价值和公司价值的系统。不过，技术创新与商业模式创新也存在一定的关联，因为商业模式也需要技术上的变革与创新，这样才能为客户和公司创造更大的价值。可以说，技术创新会带动商业模式的创新，带来更大的价值创造能力，还会间接地推动企业服务的改进和企业组织的变革，甚至推动企业文化的逐步完善。

从这个角度来说，技术创新对商业模式的改进具有积极的作用，这也是企业在寻求商业模式创新时需要重点考虑的一个点。以互联网为例，如今互联网行业中的商业模式创新非常普遍，很多互联网公司为了寻求发展都会积极打造与众不同的商业模式，都会想办法在商业模式上寻求突破点，类似于线上销售、共享经济、直播模式、引流模式等。不过，这些商业模式创新本质上还是依托技术的发展，如果没有强大的互联网技术，这些企业想要实现商业模式的转变就会变得很困难。

例如，字节跳动主要依靠信息流量变现，而这种商业模式创新是建立在信息分发和推荐引擎技术的基础上的。企业通过技术手段抓取用户信息，推动用户画像不断细分，然后通过技术手段进行个性化的信息推送，在产品流和用户流的间隙中不断寻找商业突破机会。

如果没有技术创新作为支撑，企业的商业模式创新所带来的高增长将很难持续下去，因为支撑商业模式创新的其他资源要素往往是可以复制的，很难构建较高的门槛。而技术创新不同，技术需要资金投入，需要人才培养，需要经验的积累，需要良好的制度和环境。相比之下，技术创新往往更容易构建一个高门槛、高壁垒。一旦技术创新不足，商业模式创新建立起来的竞争壁垒可能很快会被竞争对手攻破，企业的高增长趋势也会被中断。在国内，有很多商业模式虽然风靡一时，但由于缺乏技术壁垒，很快就变成了简单的资本竞争，最终大量企业被迫退出市场。

从某种意义上来说，技术创新是推动商业模式创新的一个重要方式。也正因为如此，企业在寻求商业模式创新的时候，可以先从技术创新入手，尽可能打造新的技术，通过新技术来颠覆行业内的竞争格局。不过，技术创新并不是单纯地研发新技术，并不是盲目研发那些最新、最高端的技术，技术创新不能脱离现实，不能被封闭在实验室中，真正的好技术必须以市场为导向，要迎合客户的实际需求。世界各地的技术研发中心每年都会出现大量的新技术，但很大一部分技术最终没有发挥什么作用，造成这一现象的原因并非这些技术不过硬，而在于这些技术研发一味追求先进和高端，却忽略了一个基本的道理：只有符合现实需求的技术才是真正有价值的，才能够直接转化成为利润。

20世纪80年代，乔布斯和几个苹果公司的员工来到神秘的施乐帕洛阿尔托研究中心。乔布斯第一次看到"视窗"演示了大约1分钟就震惊不已，他抑制不住心情，直接跳起来问道："你们为什么不应用这么出众的技术开发产品呢？这可是最了不起的东西啊！它就是一场技术革命！"然而，被乔布斯认同的视窗最终并没有成就施乐，反而成就了微软和苹果。为什么会这样呢？原因很简单，施乐一直都认为技术创新与商业模式创新是两码事，公司并没有直接将技术研发与市场需求、企业收益联系起来，以至于大量的投入并没有创造相应的市场价值，最终成为施乐巨大的负担。

在整个企业的创新体系中，技术创新并不是一个独立存在的子系统，它需要和其他形式的创新结合起来，需要兼顾其他的要素，同时也受到其他要素的影响。因此，在进行技术创新的时候，往往需要全面推进企业的创新，包括组织结构的调整和变革、内部沟通体系的创新、服务机制的创新等。只有全方位地启动创新程序，企业内部的技术创新才会更上一层楼。

此外，技术创新不一定非要追求颠覆性，很多人会将创新与颠覆画等号，其实创新可以是一种改进，而不必追求完全意义上的颠覆。有时一些微创新和技术改进同样可以带来巨大的收益，可以影响和改变行业的竞争格局。对于企业来说，如何突破发展瓶颈，如何在竞争中突围，如何推动商业模式的创新才是最重要的，一些颠覆性的技术研发未必真的适合企业，也未必会带来预期的收益。企业真正要做的就是将技术创新与现实的收益结合起来，而不是盲目追求高大上。

迎合消费者的消费行为，提升引流的能力

2019年，北京市商务局发布了《跨年"新"消费报告》，报告显示了北京在过去一段时间呈现出来的消费新趋势，其中有两个趋势非常明显。

首先，消费者购买产品时不再将注意力仅仅停留在商品本身，而是开始追求更多的附加值，也更看重商品中蕴含的文化、带来的新奇体验和自我个性的彰显。

其次，消费者的消费得到了升级，最明显的是品质消费的火爆，消费者正在对价格"脱敏"，品质和品牌成了购买的重要指标。

不仅仅是北京，其他地方的消费者也正在改变自己的消费模式，过去那种围绕产品性能展开的消费模式发生了改变，由单纯的产品体验跃迁为多元化、多层次的消费体验。消费者越来越看重产品的颜值、内容，也注重使用产品时的仪式感，注重享受品牌文化，注重享受购买产品所获得的相应服务。正因为如此，很多商家会选择通过把握消费心理来推销自己的产品。比如，新加坡航空公司发现当飞机上喷洒了一些独特的香味后，深受乘客的欢迎，于是他们每一次起飞都会喷洒一样的香水，结果大量的乘客为了闻香味直接购买了这家航空公司的机票，完全改变了人们购买机票的常规思维。

由此可见，消费心理会对市场产生影响，也会对企业的商业模式产生作用。因此，企业需要迎合消费行为模式，以此来改变商业运营模式，吸引更多的消费者和客户。比如，苹果公司推动了智能手机尤其是触屏手机的兴

起，改变了按键操作的使用习惯，让消费者认识到了手机软件的价值；特斯拉和比亚迪推动了新能源汽车的发展，让更多人将注意力从燃油车转移到新能源汽车上；阿里巴巴和微信推出的手机支付系统，改变了人们现金消费的习惯。表面上看，这是技术对消费习惯的改变，但从本质上来说，企业新技术、新模式的推出建立是以消费行为模式把握为基础的。

消费习惯的改变并不容易，消费模式的重构更是难上加难。然而，企业如果真的可以迎合消费行为模式，并以此来改变消费者的消费习惯和消费心理，那么也就意味着拥有变革市场的能力，甚至可以从中找到破局的方法和道路。

那么，企业应该如何应对和把握消费行为模式呢？

在过去二十年时间里，消费者的消费行为模式发生了重大的变化。比如，在互联网兴盛之前的传统时代，消费者的行为模式是：注意—兴趣—欲望—记忆—行动（购买）。商家会重点推出具有吸引力的产品和服务，抓住消费者的注意力，激发他们的兴趣和拥有相关产品的欲望。当欲望越来越强烈时，相关的产品和服务在消费者大脑中的印象会越来越深刻，等到时机成熟，消费者就会采取行动，果断购买心仪已久的产品。

进入互联网PC时代，消费者行为模式变成了注意—兴趣—搜索—行动—分享。和传统时代不同的是，当商家出售的产品和服务引起消费者的兴趣后，消费者会选择借助互联网的搜索工具了解相关产品和服务的信息，然后下定决心在网络上购买，并且在享受产品和服务带来的乐趣后，向更多的人分享自己的产品以及使用心得。

随着智能手机的发展，整个社会进入移动互联时代。这个时候，消费者的行为模式又变成了：共鸣—认同—参与—共享扩散。消费者在选择市场上的产品和服务时，不再侧重于价格和性能，而更加看重这些产品的市场反响，是否能够引起大家的共鸣。在认同相关的产品和服务之后，消费者会参与其中，认真体验产品和服务，然后在移动互联网上与其他人分享这些经历，而这些也成了商家引流的重要密码。

对于商家来说，想要在移动互联网时代改变消费者的消费习惯，甚至引领新的消费风潮，那么首先就要想办法对消费者的消费模式有一个基本的了解，并按照这种模式做出调整。比如在共鸣阶段，商家最重要的不是提供更强大的性能，不是提供更低廉的价格，而是积极把握消费者的情感痛点，想办法在产品和服务中满足消费者的情感诉求，这样才能让消费者对产品和服务产生兴趣。

接着，商家必须想办法赢得消费者的认同，让消费者认可自家的产品和服务。这种认同往往和正确的价值观、高尚的道德观念、真诚的情感有关，诸如民族文化认同、爱国情怀、爱情亲情的体验、积极向上的人生观等。企业需要在情感、文化、价值观方面多下功夫，尽可能迎合消费者的世界观和情感。比如，当今有很多企业开始选择回归本土文化，将民族文化融入自己的产品中，像一些鞋子、衣服的设计开始融入更多的中国元素，这种设计往往很容易激发出消费者的民族认同感和自豪感。

在参与阶段，商家要做的就是想办法进一步降低参与的门槛，确保更多的消费者可以积极参与其中。比如，设置更加简单的程序，更加便捷的方法，帮助消费者尽可能快地掌握相关的方法。门槛变低之后，消费者更愿意对那些有趣的内容产生兴趣，并想办法强化自己的个人体验。

全聚德在经营北京烤鸭这个产品的时候，选择了一种非常奇特的方式：每一桌客人用餐结束之后，店家会主动送上一个信封，里面有一串数字，这串数字在门口电子看板上也能显示出来，这串数字实际上在告诉顾客，他们所吃的是全聚德开张以来的第几只烤鸭。通过这种方式，全聚德可以让每一个顾客参与到这个百年老品牌的历史当中来，让顾客成为这段百年历史的见证者、延续者和推动者。

　　在共享阶段，商家需要进一步优化自己的内容和产品，提升消费者二次传播的意愿，这样就可以让产品的影响力呈现指数式的扩散。比如，一些重视场景化消费的商家会不断设置新的有趣的场景，会不断提升自己的服务质量，以此来吸引更多的消费者。

　　企业想要在移动互联时代把握住更大的流量，就要以新的消费行为模式为基础，积极创新，想办法在新的趋势下寻求突破，努力给消费者带来新的体验，并以此改变消费者的习惯。

第五章
想要实现破局，就要跳出认知局限

主动跳出自己的圈层，接触更高层次的人

对于大多数企业来说，想要发展得更好，想要在竞争中实现破局，就需要一位有能力、有魄力、有见识的领导者。领导者对于企业发展的重要性不言而喻，当企业家的能力足够强大时，企业更容易在竞争中发挥自己的优势，也更容易获得更多发展的空间。不过，任何一位企业家都有自己的局限，比如能力的局限、资源的局限，以及身体健康方面的局限。当然，更重要的是认知局限，这是阻碍企业家变得更加强大的最大绊脚石，也是阻碍企业真正实现破局的关键要素。

认知局限最常见的就是思维层次的局限，这和企业家所处的环境、所接触的人息息相关。当企业家的认知层次比较低、思维层次比较低时，他们很难看得更长远，也很难站在高处看待问题，与此同时，这种局限性也会很快反映到企业的发展状态中来。许多企业家之所以难以带领企业发展得更好，难以突破发展瓶颈，只能在一些低层次的市场上竞争，并不是因为缺乏技术，缺乏资金，缺乏人才，而是缺乏做大事的战略思维，缺乏更高层次的认知。有些企业家会想办法突破自身的思维局限和认知局限，他们会通过学习来提高自己的思维层次，也会主动跳出自己的圈层，通过向上社交的模式去接触和认识更多更优秀的人，以此来提高自己对事物的认知水平和理解水平。

2014年，雷军慕名去美国拜访马斯克，问了一个问题："10年前你为什么要做特斯拉？那时电动汽车还只是一个概念，你是怎样看待这个机会的？"

马斯克回答说："我从不觉得这是个好机会，因为失败率要比成功率高得多，我只是觉得这是人类应该做的事情，我不想苦苦等待别人来实现。"

雷军从硅谷回来之后感慨："我们干的事好像别人都能干，但马斯克干的事，我们想都不敢想。"雷军之所以会这样说，就是因为当其他人都在想着如何赚钱，如何更快地赚钱，如何赚到更多的钱时，马斯克所考虑的问题是："这事值不值得做，该不该做？"雷军先后两次拜访马斯克，收获很大，他真正意识到一个企业家应该做什么，应该承担怎样的社会责任。

京东创始人刘强东在高中毕业后，选择了去北京上学。很多人对此表示不理解，刘强东曾这样解释，小地方会限制个人的视野，会束缚个人的成长，如果想要彻底摆脱困境，就必须接触外面更大的世界，就必须去外面的世界认识更多更优秀的人，而北京是一个绝佳的选择。刘强东在北京接触了很多有能力的人，也认识了很多成功的企业家，而这些让他的思维提高到更高的层次上，为之后创办京东打下了基础。

企业家想要带领团队变得更具竞争力，就需要不断追求更好的经营理念，追求更好的商业模式，追求更好的发展策略，也要追求更高的经营目标。而突破个人的圈层是企业家实现跨越式成长的关键，也是确保企业突破发展瓶颈的重要保障。

一般来说，人们可以主动去认识那些比自己更加优秀的人，比如结识行业中的大佬和精英，主动接触那些行业中的前辈。为了创造会面与交谈的机会，人们可以经常参加一些企业家的交流会，也可以多参加一些行业内部的活动，还可以想办法让自己的合作伙伴、客户或者供应商帮忙搭线。这种向上社交的模式并不局限于同一行业，人们可以进行跨界交流，认识不同行业的优秀人士，学习他们为人处世的方法，看看他们是如何看待问题、分析问题和解决问题的。

需要注意的是，想要突破个人的圈层，往往很困难，因为每个人都有相对稳定的世界观、人生观、价值观，个人的品德特征、意志特征、情绪特征、理智特征等也比较明显，从而形成独具特色的性格。而面对不同的群体时，个人的性格和行为模式往往会与新环境产生冲突，从而使人产生焦虑、恐惧的心理。此外，不同圈层的人会相互设置障碍，当一个人的能力和层次达不到更高级别时，很难接触到更高层次的人。

正因为如此，人们如果想要突破圈层，一定要放低姿态，保持主动性和开放性，同时要保持足够的自信。另外，提前做好准备，为自己的社交行为打好基础，可以让你和他们交流起来更顺利。

《如何结交比你更优秀的人》的作者康妮曾说过："向上社交首先要有自信。你要知道，那些大咖首先都是人，只不过他们可能比我们更努力，更有资源，或者更幸运地碰到合适的机会，才有了今天的成就。"因此，抛开顾虑，自信地去接触更高层次的人吧！

去除复杂因素，化繁为简

物理学家爱因斯坦认为一个人所面临的这一层次的问题，往往很难通过这一层级的思考来解决，要么升高到更高的层次，要么降低到低一点的层次。同样的，人们也可以通过思维维度的提升或者下降进行思考，找到解决问题的合理方案。

一般情况下，人们会认为思维越多维，通常表明这个人的思维越强大，思考分析问题的能力越出色。当人们面对一个陌生的问题且找不到解决办法时，他们的思维是零度思维；当人们获得了一个纵向思路或者横向思路的时候，就拥有了一维思维；当人们将纵向思路和横向思路综合起来思考的时候，就拥有了二维思维；当人们进行立体思考的时候（构建一个立体空间），也就是三维思维；当人们想办法在三维思维中增加时间这个维度的时候，就变成了四维思维，继续增加其他维度的话，就会衍生出更高维度、更多维度的思维模式。更高维度的思维往往具备更大的分析优势，因为它们看起来总是更加完美、更加全面，也显得更加科学合理。思维的维度就像数学中的坐标图一样，人们在思考问题的时候，也可以构建一个多维化的思维坐标。

比如，一维的企业家往往专注于某一个领域的发展，他们强调专业化的技能；二维的企业家更加博学，愿意跨界探索，结合不同领域的想法和思路；三维的企业家会从事物发展的表象出发，进行深入挖掘，找到内在的原理和规律，构建一个科学的、高效的心智模型；四维的企业家在思考问题的时候，不仅看到专业领域的内容，综合不同领域的知识进行分析，以及深入挖掘事物内在的原理，他们还会将时间纳入相关的分析体系中，看看从古至今已经发生了什么，有什么相似点，以及未来将会发生什么。在更高一些的思维维度上，人们对于事物的发展会看得更加深刻，但难度也在增加。

以投资为例，很多投资人和投资公司之所以难以在行业中做大做强，难以长时间保持良好的增长状态，很大一部分原因就在于他们在选择投资标的的时候，只看重价格是否足够低，或者只看重标的是否有价值，却忽略了企业在未来是否具有足够的增长空间。这是因为价格低的企业也许价值也低，即便投资标的有价值，那么在未来它是否同样具备价值呢？只有真正的投资大师和优秀的投资公司才能够运用四维思维来看待投资问题。四维思维本质上就是一种长线思维，它需要考虑到时间的因素，只有纳入时间这个要素，企业的投资才更有意义，也更加安全可靠。

一般来说，维度更高一些，人们看待问题、分析问题的方式也更加高效一些，准确性也更高一些，但这并不意味着维度越高越好。多种维度的思考方式，使得在思考一个问题的时候，会考虑到更多不同的要素，当越来越多的要素被纳入思维体系中后，人们需要花费大量时间来厘清所有要素之间的关联性，需要弄清楚不同要素带来的结果有什么不同。这会是一项复杂的工作，尤其是考虑到企业正在追求简化的、高效的作战方式，选择多维度的思维模式有时候并不是明智的选择，它会带来很多麻烦，不仅无法帮助人们做出合理的决策，还会成为企业高效运转的阻碍。比如，让问题变得更加复杂，增加了处理问题的流程，更多的要素也让整个思维坐标更加抽象，人们的控制能力会不断下降。

就像很多科技公司在设计电子产品时一样，研发人员总是不断增加产品的性能，总是将越来越多的卖点和元素添加到手机当中，结果导致手机的设计越来越复杂，虽然看上去越来越智能化，功能也越来越丰富，但往往很容易变成市场上的弃儿。原因很简单，太过复杂的设计违背了消费者的心理，也让产品变得越来越脱离生活和实际应用的场景，真正好的产品，在设计上往往遵守便捷、简约的风格，设计者会回归到设计的基本思路上，一切以消费者的体验为准。

很多企业家在设计企业的管理体系时也是如此，常常认为复杂的体系就一定是最好的体系，因此在设计之初就千方百计地纳入更多维度的元素，可是思考的维度越多，个人面临的困难就越多，阻力也就越大，到最后管理体系往往不伦不类。那些真正优秀的企业家则善于化繁为简，他们会跳出复杂的思维陷阱，努力简化自己的思维方式，设计出简单的、高效的管理体系。

适当降低自己的思维维度，在很多时候可以有效提升思考的效率。人们没有必要总是将问题想得太复杂，只需要选择用最简单的思维去分析和思考问题即可，摒弃多维化的思维坐标，回归到基本思路，打造一个更加简化的思维模式。这就是所谓的降维思考，简单来说就是消除多维化的思维，从多维化慢慢走向更单一的维度。

降维不是一般意义上的高维度到低维度，而是从他人的维度到自己的维度，这两个维度并不是在同一个频道上的。就像数学上的坐标一样，零度思维就像一个点，一维思维是线条，二维思维是横向与纵向坐标构成的一个面，而三维思维就是在这个面上增加高度，形成一个立体空间，点、线、面、立体空间本身就不在一个空间范畴内。

因此，在降维思考的时候，应该坚持循序渐进的原则，先从高维度到四维（这种情况比较少见，很少有人在四维以上），明确时间轴在相关思考内容中扮演的角色，形成一个四维思维模型。由于四维模型也有一定的难度，人们可以接着降维，尝试着将问题放在人们更容易理解的三维空间（立体空间）来分析。三维空间的物体可能拥有比较复杂的结构，人们在分解这些结构的时候，可以尝试着进入二维空间，将其二维思维化处理。在纵向与横向两条基本线上把握事物的基本面，从坐标的角度来分析，那就是一个中心与两个基本点，所谓中心强调的是解决最核心问题，两个基本点就是所谓的解决问题的两种思路或者两种渠道。在明确中心和基本点之后，可以继续降维，让思维坐标彻底回归到基本思路上，这个基本思路就是横向坐标或者纵向坐标。如果后面的多维化思维都是在这个基本思路的基础上衍生出来的，那么人们在思考的时候，只需要回归到原点，重点把握住这个基本思路即可。

此外，需要注意的是，无论是降维还是升维，本质上都是为了突破框架，因为框架化的规则会束缚人们的思维，从某种意义上来说，规则就是资源。如果不在同一维度上，那么相应的规则也就失去了原有的效果，人们也才有可能找到解决问题的突破口。

尝试着用未来的眼光看待现在发生的事情

众所周知，现如今的商业环境充满了各种变数，而且相关行业的变化也越来越快，很多企业家在创业的时候，对环境的不断变动心存忧虑，他们会担心自己的技术和商业模式被新技术、新模式替代，所以从一开始就显得信心不足。拥有忧患意识是一件好事，但仅仅对未来心存忧虑并不会带来实质性的改变，重要的是，要学会用未来的、发展的、变化的眼光来审核今天的战略规划，来看待今天自己所做的事情是否合理。站在未来的角度看待现在，往往可以帮助人们制定更为合理的发展策略，打造更为高效的发展模式。

通常情况下，一个行业中往往可以分为几类企业：第一类企业喜欢耍小聪明，它们总是想着如何在运营方面大做文章，博取眼球；第二类企业属于腰部玩家，它们会打造一个属于自己的小生态系统，打造一个相对单一的生态链；第三类企业属于行业中的头部玩家，它们无论做什么都会立足于如何赢得一场竞争；第四类企业是顶级玩家，它们习惯于跨周期地把自己放在未来几年里，然后回推自己现在的发展方向。第四类企业往往能够更好地把握未来的发展趋势，并通过对未来的预测来指导当前的发展。

有人曾问亚马逊的创始人贝索斯这样一个问题"你认为未来十年，什么是不变的？"贝索斯其实也询问过自己这个问题，他认为只要弄清楚未来会发生什么，未来什么样的东西有价值，那么现在就需要提前做好准备。

按照这样的思维模式，他跳出当前的认知界限，开始站在未来的角度思考，并很快找到了三件非常普通却不会在十年内发生改变的事情：第一件是无限选择，第二件是最低价格，第三件是快速配送。贝索斯认为无限的选择权是客户非常关心的，尤其是考虑到需求日益多样化，企业需要给予客户更多的选择权。同样的，价格永远是客户最关心的内容之一，在同等质量水平和层次的前提下，越低的价格也就意味着越高的竞争优势，如果企业可以让自己的产品和服务占据价格优势，那么企业的生存空间和市场就不会轻易被对手占领。快速配送则是客户享受服务的基本要求，也是基本的生活标配，随着生活节奏的加快，每一个客户都希望在最短时间内享受到服务。

在找到这三件事之后，贝索斯就找到了企业发展的方向。他非常自信地认为，即便过了十年，客户也不会跳出来说："哎，贝索斯，我爱你，我爱亚马逊，但我希望你那价格再贵一点，我希望你的配送再慢一点。"他将大量资源投入在这三件事上，将亚马逊打造成为出色的互联网公司。

尝试着用未来的眼光看待现在发生的事情，本质上就是一种增长思维。那么，什么是增长思维？增长思维应该是着眼长远的，全局性的，用于指导核心决策的一种跨越周期的战略部署。这种增长的、长远的、全局性的思维模式，可以帮助企业领导者形成属于自己的认知地图，当企业拥有一个明确的地图后，就可以设定好自己的核心目标，然后不断寻求突破。

增长思维中的一个关键要素就是假设。想要对未来的发展有一个更好的判断，想要用长远的目光来看待当前发生的事情，就需要对未来发生的事情做一些假设，对企业做这件事或者在相关项目上的发展结果做一个基本的预测和假设。这种假设就是破局的一个重要助力，如果企业不擅长假设，对未来不做任何期待和分析，那么就无法为当前的发展制定更合理的战略规划，也无法更好地推进当前的工作。

作为一家老牌的咨询公司，麦肯锡一直都是整个咨询行业的代表，这样的地位来源于强大的专业能力和出色的客户服务意识，尤其是在客户服务方面，麦肯锡始终保持最顶端的水平。比如，同其他竞争者把握当前市场的客户需求不同的是，麦肯锡运用增长思维来预判市场的发展趋势，咨询师会提前对市场做出预测，确保能够走在客户前面。为了推动这项工作的开展，麦肯锡制定了一套非常合理的市场研究工作流程。这套流程主要分为三个步骤：明确市场研究目的以及对最终结果的假设；获取对消费者需求、购买决策驱动因素的深刻认识；定义目标市场以及规划策略。

在这个流程中，假设成了一个重要的方法。一般来说，麦肯锡会对当前行业的发展进行数据收集，对行业内各大企业的发展情况进行调研，之后针对性地进行分析和预测。比如麦肯锡作为一家咨询公司，却很早就在人工智能领域进行相关的业务布局。领导者和咨询师在人工智能初露端倪时就进行了预测，认为人工智能将会成为改变人类生活方式最重要的一种技术，所以麦肯锡特别安排了咨询师去学习人工智能的知识，以便为那些科技公司提供最好的咨询服务。

增长思维包含了最切合实际的假设，需要注意的是，它并不是一种漫无目的的想象，而是通过市场发展的轨迹来进行分析和验证的，它是建立在对大量数据研究基础上的一种思维模式，可以说增长思维本身就是一种理性思维。企业想要真正学会用未来的眼光看待当前发生的事情，就要懂得借助信息和数据进行分析，找到未来发展的通道，并以此为基础，为当前的发展构建一个更加科学、更加高效的模型。

培养全局思维，提升自己的整合能力

　　领导者的思维层次往往决定了企业的战略高度和经营管理的水平，一个优秀的领导者必须保持高水平的思维，必须能够掌控大局，必须具备全局思维。

　　有人曾对全局思维做了一个形象的比喻：一个没有全局思维的人早上起来准备去上班，这个时候，他会打开衣柜，随手拿走一件衣服穿在身上。而拥有全局思维的人会在前一天晚上做好计划，他会在睡觉之前弄清楚明天具体的行程安排，需不需要参加重要会议，需不需要接见重要的客户，有没有相应的应酬活动。还需要了解明天的天气，看看明天是天晴还是下雨，是温度高，还是温度低。他会根据具体的活动、场合以及天气，安排好自己的穿着，而且会针对自己要穿的衣服进行合理搭配，选择合适的领带、裤子、鞋子和袜子，然后会把衣服找出来熨平整，第二天就可以直接穿出门。

　　全局思维是指人们在考虑问题时由点到线，从线到面，逐步放大格局进行思考。在整个过程中，人们先从微观拉伸到宏观，再从宏观聚焦到微观，从本质上来说是一种全方位考虑问题的思维方法。面对同样一件事情，拥有全局思维的人，会从多个角度进行思考，关注不同的点，考虑更多的可能性，从而制定各种行动方案，然后与实际情况结合之后采取相应的行动。拥有全局观的人看问题的角度和普通人不同，他们习惯了从整体而不是部分，从未来而不是当下，从动态而非静态来看待问题，这个是更深一层的逻辑，叫系统思维。一般情况下，全局思维的人具有大局观，看问题不会太过于片面，不会只停留在某一个方面或者某一个环节，而是将相关事务当成一个整体，遇事会选择从不同方面进行思考，并且会想办法对不同方面、不同层次的资源进行整合。

以销售为例，很多企业会觉得自家的销售情况越来越差，就是因为它们还一直遵循着老的思路，用老的模式运营企业，只专注于如何改进营销效率，如何打通更多的渠道，如何做好宣传工作，如何提升营销人员的素养……总之，它们的注意力全部放在销售这个环节，却忽略了其他问题。比如，公司的营销人员很优秀，营销的方法也很合理，营销的渠道也很丰富，但是营销的产品不对市场的胃口，公司的技术研发部对市场需求缺乏了解，以至于相关的产品缺乏市场影响力。

而拥有全局思维的人，会针对营销不好这个现象进行分析，看看还有什么因素在影响营销效果。正常的情况下，企业需要对技术研发部门和营销部进行资源整合，确保营销部可以在第一时间将市场信息反馈到研发部，推动技术研发和产品生产。同样，研发部也要积极与市场部沟通，将一些新技术、新产品介绍给营销部，让他们投放市场看看反响如何。

而在这个过程中，有一个环节非常重要，那就是不同部门之间的沟通效率。市场部通常会将市场情况反映到高层，然后高层将相关的情况传递到研发部，在整个沟通过程中，企业的组织结构、沟通方式、沟通渠道都会对最终的销售情况产生影响。如果层级机构太多，官僚主义盛行，那么沟通效率就越低，信息传递越差。

正因为如此，企业在处理营销问题的时候，实际上面对的是整个企业的问题，营销必须和技术研发结合起来，必须和内部的沟通机制结合起来。在移动互联网时代，企业家最应该解决的是提高组织效率和销售效率，实现移动化连接、快速化响应、智能化整合。换句话说，企业的领导者必须拥有全局思维，在各个方面都进行调整，相互配合，确保资源可以整合起来使用，从而极大地提升效率。

　　那么，平时应该如何利用全局思维思考问题呢？

　　先确定自己面临的问题是什么，以及哪个方面和环节存在问题，找到出问题的部分进行分析，找出可能导致这个问题产生的所有相关要素，无论是该环节还是其他环节，都必须进行深入的分析。按照分析结果，往往可以得出各种可能性，然后制定不同的解决方案，或者选择不同的路线，最后从不同方案和路线中找到最优解。

　　在这个过程中，为了避免将思维局限在某一个部分或者某一个环节上，人们需要寻找边界。弄清楚不同要素之间的边界，努力勾勒出全景，然后针对性地分析各个要素，看看边界之内的事物和要素是怎样的一种形态，不同要素之间存在什么不同，以及存在何种联系。

　　此外，人们必须重点培养敏锐的观察力和强大的联想能力。敏锐的观察力有助于人们发现一些不为人知的细节，有助于人们在一些微小的事情上找到有价值的线索。强大的联想能力则是串联不同要素的关键，也是人们拓展思维的基础，它可以帮助人们更好地把握全局。

把握第一性原理，洞察事物的本质

从科学的角度来说，任何事物都是由某些最简单的要素组成的，这些要素还会按照不同的方式进行组合，形成形形色色的事物。如果人们想要把一件事情或者一个东西弄清楚，那么最简单最直接的方法就是将这个东西进行分解，将其分解成为最基本的系统、最基本的要素即可。因为越是简单的东西，往往越是能够反映事物发展的本质，越是能够呈现出事物发展的规律，这些基本要素往往就是支撑事物存在和发展的基因。

也正是因为如此，人们如果对某个东西并不了解，或者在处理相关问题时表现得毫无头绪，就可以将那些看起来复杂的东西分解成自己更容易理解和掌控的基本元素。这样就可以从基本要素出发，在源头上找到那些关键信息。

比如，新能源汽车在研发初期一度不被看好，原因很简单，新能源汽车的核心配件锂电池研发成本非常高，其中材料费用高是主要原因。很多汽车企业想要研发新能源汽车，往往需要购买锂电池，或者自己生产锂电池，而锂电池的高昂价格会拉高新能源汽车的价格，导致大多数人根本买不起新能源汽车。如果没有市场，那么新能源汽车研发的意义就不大，也正是因为如此，很多传统汽车制造商虽然很早就涉足新能源汽车的研发，但后来基本上都选择放弃了。他们认为，即便新能源汽车面世，基本上也只能服务极少数客户，想要做大做强根本不可能。

那么，新能源汽车就不值得研发吗？马斯克决定进行尝试。他先明确了锂电池昂贵这个事实，并假设未来一段时间，锂电池的价格也会居高不下，接着他对这个问题进行分解。由于锂电池的昂贵在于原材料很贵，因此他先花时间重点了解锂电池的原材料和成分，包括钴、镍、铝、碳、聚合物、密封罐，然后对每一种材料都进行市场调研，了解它们的市价。做完这一切，他跑到伦敦金属交易所，购买相关材料，并记录下具体的成本。

了解原材料的价格之后，他开始尝试着组装电池，并计算组装后电池的总价，然后将其与市面上出售的电池进行对比，看看价格上的差距有多少。经过实验，他发现如果自己购买原材料（尽可能确保每一种材料都以最低价购入）并组装电池，那就可以大幅度降低锂电池的成本，从而将新能源汽车的价格控制在一个可接受的范围内。

通过实验，马斯克信心大增，于是开始谋划与各个原材料供应商签订长期合同，以更低的价格购入大量原材料，然后还让人改进了电池组装技术，最终推出了极具价格竞争力的新能源汽车。这样的尝试也让马斯克的新能源汽车品牌特斯拉快速占领全球市场。

在这里马斯克的做法就是一种典型的分解法，而这种方法所采取的是一种被称为"第一性原理"的理论。所谓第一性原理是指从眼前要解决的问题开始，分析产生这个问题的原因，再分析产生原因的原因，直到不能再往下分析的本质为止。

当人们遇到自己不能理解的问题时，可以先将注意力落在事物的表象，然后针对这个表象层层剥开，不断深入分解和挖掘，直到看到事物的本质，接着可以循着本质一层层往上走，直到找到最合理的解决方法。简单来说，我们遇到自己不能理解的问题时，要先看透事物的本质，然后从源头解决问题。

众所周知，在常规的解决问题的方案中，人们会依赖自己的知识、经验来分析问题，或者参照其他人的经验和方法来解决问题，而所有的举动其实都被束缚在固定的知识体系当中了。一旦知识和经验出现了错误，或者存在不足，那么就无法顺利解决相关的问题。而第一性原理则打破了一切知识的藩篱，它要求人们回归到事物本源去思考基础性的问题，在不参照经验或其他答案、工具的情况下，从物质的最本源出发思考事物或者某个系统。由于不受知识的束缚，人们反而可以获得最有成效的方法，而这恰恰也是破局的关键。

古希腊哲学家亚里士多德说过："在每个系统探索中存在第一性原理。第一性原理是基本的命题和假设，不能被省略和删除，也不能被违反。"

那么，人们想要实现商业破局，该如何利用好第一性原理呢？

首先，确定问题及其共同假设。当人们发现某个问题不能解决时，需要确定这个问题就是整件事情顺利实现的核心，然后针对这个问题做一些共同假设，即大多数人都觉得这个问题难以解决，大多数人都觉得这个问题未来无法解决，或者认为这个问题会阻碍人们对整件事的处理。

其次，把问题分解成基本事实。这是整个过程中最困难的部分，人们需要通过假设来确定那些合理的、正确的问题，通过不断往下分解的形式来确定新的问题，直到深入挖掘后只剩下真相。在这个阶段，人们要做的就是不断分解，找到那些最基本的成分和要素进行分析。

最后，用基本事实谋划新航向。从某种意义上来说，分解基本事实就是在搭积木，人们在搜集到足够多的积木后，就可以使用它们来创建全新的创新解决方案。这个时候人们将有机会打造不同的组合方式，也将会形成不同的解决方案，而人们要做的就是从中找到最合理的那一套解决方案即可。

总之，第一性原理是一种非常重要的科学思维方法，可以帮助人们更深刻地理解事物的本质和规律，更好地指导人们工作和生活。通过应用第一性原理，人们可以建立一个完整的理论框架，从而得出各种有用的结论和应用。

第六章

提升执行力，将好的规划落实到位

提升管理者的领导力，推动计划的落实

企业的战略计划不能停留在口头指令、会议纲要或者文件层面，优良的战略应该得到及时的落实，应该在具体的事务中得到执行。而推动战略计划和政策落实的一个关键要素就是管理者的领导力。

那么，什么是领导力呢？

简单来说，领导力就是人们合理充分地利用自己所掌控的人力和相关资源，争取以最小成本换取最大效益的能力。领导力是一个比较宽泛的概念，一般体现为对团队的掌控能力，也可以将其作为一种团队管理意识和团队素养来看待。总的来说，领导力出众的人往往能够很好地掌控团队，带领团队变得更强。他们往往可以有效调配和整合内外部资源，实现资源的合理配置，确保人力资源价值最大化。

领导力的本质是一种影响力，是管理者施加到执行者身上的影响力和控制力，目的是确保执行者可以按照要求完成相关的任务。为了实现这个目的，领导者和管理者需要施加多样化的影响力，而权力影响力和非权力影响力便是最常见的两种方式。

权力影响力和权力的掌控、利用有关，它是由领导者所拥有的权力和地位衍生出来的一种影响力，也是最常规的一种影响方式和管理方式。权力影响力具有典型的从上至下的特点，它是高层领导对低层执行者下达的指令和要求，带有明显的强制性。比如，在谈到团队执行力的时候，管理者会特别强调两点：第一是"贯彻战略意图"，即要求员工必须按照目标和规划做事，不能自作主张，随意做出调整，甚至刻意违背战略规划；第二是"保质保量"完成任务，强调员工必须按照事前的计划和约定去完成任务，确保执行结果不打折扣。更直白地说，执行者必须无条件贯彻战略意图，必须无条件按照要求保质保量完成任务，这是硬性规定。

权力影响力本身植根于管理者的权力体系当中，管理者享有控制权（控制团队的权限）、指挥权（下达指令，指挥作战的权限）、信息权（掌控最关键、最重要的信息）、赏罚权（奖赏和惩罚员工的权限）。权力影响力是由企业或者团队的权力结构决定的，是构建企业管理体系的基石。管理者释放权力影响力，有助于构建最基本的执行体系，督促员工按照相关指令去寻求突破之道。

为了提升员工的执行力，领导者必须懂得尊重员工，将他们当成组织中不可或缺的一部分，而不仅仅是受到雇用的工作者。利兹卡尔顿酒店的前总裁霍斯特·舒尔茨曾经说过："领导就是创造一种氛围，在这样的氛围里组织里的人都想成为组织的一部分，而不仅仅是为这个组织效力。人们有成就感，而且有目标感。我们发现员工最感到满足的事是感觉自己是组织的一部分，感觉到上司的信任，从而参与决策并贡献才智。每个人在他们特定的领域都是知识工人。"

想要让员工产生归属感，往往就需要依靠非权力影响力。相比于权力影响力，非权力影响力更多地侧重于心理影响，比如管理者给予执行者更多的奖赏和认同，就会赢得执行者的尊重，那么执行者也会在工作中做出回应，给予更大的回报。管理者更多地信任员工，为员工提供发展的平台和自我实现的机会，也会让员工产生更大的自信和忠诚。一般来说，非权力影响力更多的是心理暗示和精神上、情感上的感染，常见的非权力影响力有互惠行为、承诺一致原理、相互认同、权威的展示、个人喜好、短缺原理等。

华为曾经从俄罗斯引进了一位数学天才，并提供高薪，可是这个俄罗斯天才在几年时间里什么成果也没拿出来，而且据他人所说，这个人每天都会花费大量时间在电脑游戏上，看起来就像一个无所事事的人，或者说更像是一个骗子。于是，很多员工向领导层反映情况，并且建议开除这个俄罗斯员工，但华为的领导层选择无条件地相信这个天才，并且给予对方更大的工作权限。这样的信任感染了对方，他后来找到了2G向3G过渡的方法，仅此一项技术就帮助华为公司在通讯领域占据先机，并为之后的发展奠定了坚实的基础。

非权力影响力一般侧重于激发员工的信任感、归属感、自我认同感，它可以有效拉近管理者与执行者之间的距离，从而提升整个执行团队的工作效率。

管理者想要提升领导力，首先需要强化自己的权力影响力，明确自己的地位和权威，借助权力来控制和管理团队内的成员。这里主要强调恩威并施，法家思想的代表人韩非子认为："明主之所导制其臣者，二柄而已矣。二柄者，刑、德也。何谓刑德？曰：杀戮之谓刑，庆赏之谓德。"简单来说，他认为君主要管理好臣民，就要赏罚分明，刑德并用。对于有异心、不服从、不尊重自己的人，要及时给予打压和处罚，使他们感到畏惧。

韩非子对"恩"和"威"有过十分经典的描述："爱臣太亲，必危其身；人臣太贵，必易主位；主妾无等，必危嫡子；兄弟不服，必危社稷。"在这段话中，韩非子认为君主如果对臣子、妃妾、兄弟只有宠爱和忍让，将会危害到自己的社稷。韩非子在这里强调的是森严的等级，君主必须树立起权威，必须让臣子、妃妾、兄弟感受到等级的存在。这种权威和等级需要法律来明确，也需要个人的权势和威望来控制。在企业管理中，权力的威慑性必须彰显出来。

其次，管理者想要提升领导力，需要强化非权力影响力的作用。无论在生活中，还是在工作中，领导者都要注重与团队成员保持更加和谐的互动关系。领导者需要不断强化个人魅力，需要更多地给予员工精神上的鼓励，需要不断强化情感上的交流，激发员工更好的工作状态，让员工真正融入整个公司当中、融入整个执行体系当中。

从某种意义上说，管理就是要妥善地处理附着在工作中各个层面的人际关系。管理者应该强化自己的权力影响力和非权力影响力，与上级、下级、同级和贸易伙伴建立良好人际关系，稳步推进企业不断向前发展。

保持激励的多样化，强化员工执行的意愿

很多公司内部会出现严重的精神离职现象。精神离职，顾名思义就是人还一直待在工作岗位上，可是工作状态非常差，总是应付工作，他们不会主动与其他成员进行合作，个人能力通常只发挥出真实实力的1/3。精神离职的人虽然很少出现无故旷工、迟到，或者请病假、事假的现象，但他们散漫的工作状态往往会给企业带来很大的伤害。

从管理的角度来分析，出现精神离职的现象，往往是由于个人目标与团队目标不一致，或者工作压力过大，内部的合作氛围比较压抑，而且个人的预期目标得不到满足。因此，企业的激励必须保持多样化。

物质奖励是最常见的激励方式。传统的管理理论（古典管理理论）认为，人是一种"经济人"。"经济人"是指人的行为具有趋利倾向，每一个人都在追求利益的最大化，而工作者的工作动机就是为了获得更多的报酬。因此，设置合理的物质奖励便可激发员工的工作积极性，避免公司内部出现严重的精神离职现象。

研究发现，物质激励带来的刺激作用非常明显，无论是在什么管理体系中，物质激励都是一种非常实用的方法，可以在最短时间内推动执行力的提升。

福特汽车公司的掌门人亨利·福特，一直被股东认为是一个自

以为是的自大狂、一个自私自利的吸血鬼。然而，亨利·福特对员工却表现得非常大方。当其他公司的员工每天都要工作12个小时以上时，福特推出了8小时工作制，有效保证了员工的休息时间。按照他的说法，自己本身就是一个比较懒的人，没有必要让员工上那么多小时的班，只要上班期间保证工作效率就可以了。

不仅如此，福特还不断提高员工的待遇。1913年，福特公司给每个工人发放每天5美元的工资，这笔钱比其他工人的工资高出了将近一倍。当时很多股东批评福特的高薪制度，认为此举迟早会让公司破产。但是，福特不为所动，更是在1918年将日薪开到了6美元，在业内引起了很大的轰动。许多人都认为福特疯了，但实际上他比任何人都头脑清醒，他认为自己支付的高工资和高回报是成正比的，自己支付的工资越高，员工的积极性越大，执行力越强，单位时间内完成的工作更多，创造的收益也更大。

物质奖励理论使得管理者变得更加温和，也让管理者与被管理者的关系更加紧密，可是如果将管理完全寄托在物质奖励上，可能会造成管理上的疏漏。按照马斯洛需求理论，人们不仅有满足物质生活的需求，还有情感满足的需求，比如渴望获得尊重的需求。管理者在面对员工的时候，需要意识到一点：当员工的薪资达到一定程度后，就会对物质奖励失去更大的兴趣。这个时候，物质奖励的刺激性逐渐减弱，员工的需求层次变得更高，他们需要接受精神上的激励和认同。精神上的激励至关重要，它是员工产生归属感，以及发现自我价值的重要渠道。员工受到的精神激励和认同越多，工作的积极性也就越高，对企业的认同感、对工作的认同感、对自己的认同感也就越强烈。

物质上的激励主要以加薪为主，而精神上的激励则包含了表扬、认同、安排重要任务、放权等措施。它可以有效拉近管理者与员工之间的距离，有效推动团队内部的协作，对执行力的提升也起着很重要的作用。现代管理理论认为，人不仅仅是经济人，而且还是具有丰富情感的动物。人的情感并不总是处于理性状态，有时候人会表现出贪婪、懒惰、冲动、消极的状态，这些状态不利于管理的实施，而且还会干预人对经济利益的合理要求。管理者为了强化管理效果，就需要改变策略，想办法运用更加强势的手段对个人的情感和行为进行控制，从而强化员工的执行力。最常见的管理策略是负激励，即通过惩罚的手段约束员工的行为。

这就像赶毛驴一样，驴子在赶路或者运输的时候也经常会偷懒。为了驱赶驴子赶路，骑驴的人会在竹竿上系上一根胡萝卜，然后将竹竿放在驴的前面，这样驴为了吃到挂在前面的胡萝卜就会一直往前赶。但是，如果总是用这种方法来赶毛驴，毛驴可能会对胡萝卜失去兴趣，这时骑驴的人需要采取一些更暴力的方式：准备一条鞭子。只要毛驴不肯往前走，就举起鞭子进行抽打，这时候驴子会变得非常听话。

一般来说，企业需要建立完善的绩效考核制度以及相对应的奖惩制度。对于绩效出众的员工，企业必须及时给予奖励，包括加薪、升职、增加奖金，在公司内部会议上给予表扬，并将奖励名单和结果公示给全体员工。与此同时，对于那些绩效不达标的员工，在了解前因后果之后，要给予适当的处罚。

管理者需要通过多层次、多维度、多渠道的激励方式来刺激员工的工作状态，提升员工的工作效率，确保员工可以发挥出最大的功用。需要注意的是，不同的人拥有不同的需求、不同的爱好，因此管理者在激励员工时，需要确保自己的激励可以最大限度地迎合员工的现实需求，并产生积极的激励作用。

打造优秀的企业执行文化

管理学家保罗·托马斯和大卫·伯恩在《执行力》一书中这样说道："满街的咖啡店，唯有星巴克一枝独秀；同是做PC，唯有戴尔独占鳌头；都是做超市，唯有沃尔玛雄踞零售业榜首。造成这些不同的原因，是各个企业的执行力的差异，那些在激烈竞争中能够最终胜出的企业无疑都是具有很强的执行力。因此，执行力是决定企业成败的一个重要因素，是21世纪构成企业竞争力的重要一环。可以说，核心竞争力就是所谓的执行力，没有执行力就没有核心竞争力！"

很多企业在发展过程中，常常会遭遇工作效率低下的问题，这是因为执行者不知道干什么，不知道怎么干，干起来不顺畅，不知道干好了会有什么好处，知道干不好也没责任。

"不知道干什么"是一个最常见的执行问题，团队的管理者如果没有明确的战略规划，没有明确的营销策略，没有一个年度或者季度的基本规划，那么执行者很难得到一个明确的指令。一些团队的目标不明确，计划也不明确，经常出现改动，执行者无法找到一个稳定的执行方案；一些营销策略不符合市场需求，执行者只好按照自己的理解和想法进行修改。

"不知道怎么干"是因为内部信息沟通不畅，且团队对执行者的培训力度不大。比如，一些团队会制定一些硬性的规定，要求定期给员工培训，要求每年的培训时间不得低于多少小时；而一些团队并不重视这些，很多内部成员没有经过培训就上岗，或者培训毫无针对性，只是传授一些浅显的理论知识，执行者根本不具备应有的操作能力便匆忙上岗。于是，某些执行者业务能力很差，什么也做不了。

"干起来不顺畅"通常和内部结构以及管理方式有关。那些臃肿的组织往往缺乏办事效率，部门之间很容易出现相互竞争、相互隔离、相互推诿、相互压制的情况，导致一件简单的事情经常会拖延很久才能办好。这也和企业执行文化的欠缺有关，由于缺乏明确的执行文化，各部门可能缺乏相互配合的意识，甚至对自己职责内的工作也消极怠工。

> 某个职员想要一笔20万元的研究经费，要先向部门经理报告审批，部门经理审批通过之后还要总监审批，总监审批之后要交给副总审批，副总审批之后才能交给财务部门，财务内部经过烦琐的一系列审核流程之后交给老板审批。烦琐的流程会延长经费落实到具体研发项目上的时间。在整个过程中，还需要确保每一个环节都不会出错，比如部门经理可能会嫌麻烦，或者希望职员先做其他事，又或者对这个员工有意见，可能会故意拖延几天。到了总监这儿，他只想着度假的事，因此等休假结束后才正式批准。进行到副总审批的时候，副总认为这件事不重要可以先放一放，结果很快他就忘了这件事。于是，由于经费迟迟不到位，整个研究项目被迫终止了。

"不知道干好了会有什么好处"便涉及利益取向的问题。对于团队来说，保持明确有效的激励非常有必要，可一些团队常常忽略这点。比如，他们制定的激励政策模棱两可，执行者不知道自己完成任务之后会获得何种奖励；一些团队内部的激励体系非常复杂，奖金的计算方式让人摸不着头脑。这样一来，执行者很难知道自己将会在任务中受益多少，因此很难被激励措施打动。

　　"知道干不好也没责任"，这是执行者身上比较明显和普遍的问题。在许多执行者看来，所有的工作都是领导安排的，领导对这些任务负责，而自己只是听从命令执行任务的人而已。正因为拥有这样的想法，他们才会丧失责任感。而执行者之所以出现这样的心理，主要是由于公司对工作结果缺乏合理的评估，没有制定严格的、科学的考核标准。

　　总之，执行文化缺乏会导致流程管理不到位，战略规划和指令难以落实到位，员工的工作效率低下，一些原本能够顺利完成的工作将大打折扣。

　　如此，企业需要打造出色的执行文化。比如，建立完善有效的绩效考核制度，通过赏罚措施来约束每一个员工的行为，督促他们按照指令完成任务。又比如，企业需要强化员工的培训，培养员工的执行意识。此外，企业的实际管理者必须以身作则，不断向员工灌输执行意识，同时要在实际的工作中做好榜样，引导员工做好自己的本职工作。

　　执行文化源于日常的体验和积累，员工是建立执行文化的主体，因此企业必须学会尊重员工。只有让员工产生更大的归属感和认同感，员工才会在工作中表现得更加积极，也才会在工作中自觉扮演好执行者的角色。员工的这种主动性一旦拓展开来，就会形成一种良好的执行氛围。

　　执行文化本质上是一种团队文化，它不是某一个人的执行精神，也不是某一些人的执行状态，执行文化往往依附在团队协作文化的基础上。从这一方面来说，团队合作是执行文化的一部分，企业想要提升执行力，需要依赖大家的协同作业。

　　比如，在团队管理中，要谨防出现超级业务员。超级业务员是指那些能力非常强，在工作中能够独当一面且喜欢依靠自己的能力解决问题的人。这种人的业绩和能力可能比其他成员要高出很多，但是能力上的优势以及对自身的错误定位，使得他们经常在工作中表现出好大喜功、独来独往的不良习惯。他们会认为自己是团队内最不可或缺的，其他人需要围绕着自己来转动，他们从来不会觉得自己有必要配合他人的行动，反而认为他人只会妨碍自己的工作。不仅如此，这些超级业务员往往不注重纪律，认为自己可以凌驾于那些制度之上。

毫无疑问，超级业务员可以为团队的发展提供巨大的帮助，但是企业不能容忍他们对团队制度和权威进行践踏，甚至破坏整个合作流程。企业需要完善内部的合作机制，强化员工的合作意识，避免因为某人而打破整个团队的合作状态。

定期复盘，强化执行的效果

一家优秀的企业，往往拥有伟大的远景，往往能够制定合理的战略。不仅如此，它们还拥有强大的执行力，能够更好地落实自己的战略规划，能够将那些伟大的远景变成现实。而在落实战略规划的过程中，这些企业会重点构建强大的执行团队，会打造优秀的执行文化，会加强对员工执行情况的监督，并督促员工定期进行复盘。

复盘是人们对自己过去的行为和流程进行回顾、梳理，看看自己所做的决策、所制定的方法和策略建立在什么思维模式的基础上，看看自己的行为是以什么条件作为支撑的，然后弄清楚相关的思维模式和支撑的条件是否合理，自己对于形势做出的判断是否存在漏洞。复盘是为了找出流程中的不足之处，找出需要修正的环节，发掘那些不合理的方法，以及了解那些值得继续完善的细节，然后想办法去完善它们。复盘是企业经营管理中非常重要的一环，也是执行体系中的关键环节，它直接决定了企业的执行效果和上升空间。

那么，企业为什么一定要复盘呢？

从企业经营的角度来看，当企业落实某个规划或者追求某个目标时，往往不能一蹴而就，为了实现自己的发展目标，企业会尝试不同的执行路线和方法，直到找出最合理的那一条路线。这里涉及两个要点，第一个是确保能够实现目标，第二个是确保以最合理的路线和方式实现目标。假设起点为

A，终点（目标）为B，那么企业首先要做的就是找到从A到B的路线，确保自己可以到达终点B。这是一个前提，证明企业有能力实现自己的目标。确保以最合理的路线和方式实现目标，简单来说就是A到B之间可能有不同的路线，企业要做的就是找到最合理的那一条路线。

企业实现目标的方法和渠道不同，而每一种渠道都会产生相应的经营成本，每一种方法对企业未来的发展所起的作用也不一样。想要找到实现目标的最佳路线，企业就需要在实际行动中不断修正和复盘。比如，微软公司要求每一个编程人员制定一个新品研发方案，并针对新品写出一个代码。当代码完成之后，管理人员会要求编程人员重新进行设计，新的设计必须有所突破：找出代码中的漏洞和不足，指出代码中值得改进的地方。

很多公司会制定更为完善的复盘方法，执行者会在做事之前，把蓝图、愿景、计划、路径想清楚，在脑海中做一遍沙盘推理。在完成沙盘推理和预演之后，执行者开始按照头脑中的推理结果落地实施相关的方案。落实之后，他们又针对最终的执行结果进行复盘，然后对比目标和结果，找出值得改进的地方。

万达集团的创始人王健林就非常重视复盘，它认为复盘既是研究创新，也是管理推动。因此，他经常会在年终的时候挑选3~5个项目用于复盘总结，而且这些复盘活动并不仅仅是为了走走过场，项目执行者需要认真面对这些复盘活动，他也会亲自过问复盘事宜，并且要求分管规划或商管的副总裁至少有一人参加总结活动。

复盘对于企业来说至关重要，经常复盘的企业执行水平普遍非常高，它们拥有非常完善的执行体系，而且每个执行者都对自己的工作结果负责。这样的企业更具有危机意识，也非常注重自我突破，它们往往能在不断地自我完善、自我提升中找到更好的机会，也能在不断地自我改进中找到更高效的创新模式。相比于其他的企业，它们往往更有机会在反复实践中成为一家优秀的公司。

那么，企业应该如何进行复盘呢？

美国社会心理学家大卫·库伯提出了著名的"库伯学习圈"理论。他认为，经验学习过程是一个环形结构，由具体经验、反思性观察、抽象概念化、主动实践这四个适应性学习阶段构成。简单来说，就是针对所发生的具体事件或者经验进行反思，然后对过程进行归纳总结和概念化，最终提出解决的方案和行动。

——具体经验是指让学习者完全投入一种新的体验；

——反思性观察是学习者停下脚步，对自己所经历的体验进行思考；

——抽象概念化是学习者必须确保自己可以理解所观察的内容，吸收这些内容并努力使它们成为合乎逻辑的概念；

——主动实践阶段是指学习者要验证这些概念，然后用它们来制定策略、解决问题。

按照库伯的理论，企业进行复盘的时候需要重弄说明事件的起因、经过、结果，然后让相关人员（尤其是执行者）对问题进行反思，并对其进行重新定义，写出"接下来该怎么做"的详细步骤。

库伯学习圈是一个不断复盘、不断学习的过程，整个过程还包含了两个基本结构维度，即领悟维度和改造维度。领悟维度是直接领悟具体的工作经验，或者理解符号代表的那些经验。改造维度包括内在的反思和外在的行动改进。这两个基本结构相互联系，互为循环，人们可以在"不断领悟，不断总结，不断改进"的循环体系中推动执行的进步。

总之，复盘可以帮助企业做好对过去工作的总结和分析，并通过总结发现问题，从而优化流程和管理，提升企业整体竞争力，推动企业持续健康发展。

完善内部竞争机制，推动员工执行力的提升

企业属于营利组织，赚取利润是企业最直接的目标。企业的利润需要企业内部成员一起来创造，需要员工每一天的具体实践活动来创造。如果员工的工作积极性很高，竞争意识强烈，那么他们将创造更多的收益，反之，如果企业内部的员工的工作状态不佳，每天耽于享受，缺乏竞争意识，只会成为企业发展的重要负担。

> 360公司的创始人周鸿祎曾经深有感触地说："公司搬到舒服的大楼里是创业精神流失的开始，奔着公司高收入、高福利、环境好、人性化管理去的员工多了，就会改变企业文化，每天抱怨的不再是产品进度而是伙食，每天讨论的不再是用户反馈而是车位分配。"

为了确保内部的工作效率，企业往往需要着手进行内部的整改，构建奋斗者文化，强化内部的考核机制，拿掉那些不思进取、不喜欢竞争、贪图享受的人。

一家优秀的企业，应该拥有一批优秀的员工，这种优秀应该具有可持续性，应该具有一定的成长性。简单来说，优秀员工应该确保自己不断进步，不断提升，他们应该具备适应内外部环境变化的能力，应该做到与时俱进，

应该承担起赢得对外竞争的重任。

　　构建稳定的、合理的淘汰机制是企业强化内部管理的重要机制，也是推动内部竞争的重要方法。管理者想要实现企业的长远发展和商业破局，便不能仅仅将目光放在对外竞争上，还需要将竞争模式引入内部管理体系当中，构建更合理的内部竞争机制，以此来增强员工的执行意识、危机意识，推动他们不断进步和成长。

　　Face book公司是世界上发展最快的互联网公司之一，而它强大的扩张能力得益于出色的竞争意识。创始人扎克伯格在运营管理公司的时候，实行快速前进的进攻策略。在他看来，如果一家企业的发展速度不够快，而且没有犯下什么错误，那么很有可能就是因为进攻的欲望不强烈，缺乏对胜利的渴望，有可能是因为内部员工缺乏竞争意识，一切都很保守。扎克伯格平时喜欢击剑，作为一个击剑高手，他的出手速度非常迅速，这和他的经营理念如出一辙：一旦锁定目标，就必须连续不断地发动猛攻。他要求内部员工必须像自己一样，时刻保持快速行动的意识。此外，扎克伯格每年都会引进大量人才，然后淘汰一批员工，以便激发员工的竞争意识与危机感，督促他们在工作中保持更好的状态。

　　不同的企业在打造竞争机制方面有所不同，但最直接的方法仍旧是淘汰机制。打造淘汰机制的目的是为了让员工保持强烈的危机意识和竞争意识，确保整个企业保持更大的活力。淘汰机制并不是为了淘汰不合格的员工，而是为了营造一种竞争的氛围。

　　淘汰制度一般分为两种：一种是从外部引进人才替代内部人才的方式，简单来说就是从外部引进"鲶鱼"，激活内部的工作队伍；另一种是打造类似于通用电气公司的"活力曲线"。即公司将员工分成A、B、C三大类，A

类员工是20%的优秀人才，B类是70%的普通员工，C类是公司内部10%最差的员工。不同的企业可以按照实际情况分配A、B、C类的比例，C类员工有可能会被淘汰出局，可以按照两个年度考核成绩来确定。注意，C类员工的比例不能太多，也不能太少，最好控制在5%～10%左右。

　　无论是哪一家公司，想要实现发展，想要在竞争激烈的环境中顺利突围，就要让最好的员工留下来，让最具执行力、最具竞争力的员工执行任务。淘汰机制就像一个筛子，可以将企业内部不合理的工作态度、工作氛围筛出去，也可以将那些不合格的员工筛出去，这样就能够保证执行队伍的整体素质，从而保证团队拥有更加强大的竞争力。

最重要的是主动尝试

某个管理学专家负责给一个12人小组授课，这些人都是某品牌公司在各地发展起来的总代理，他们每季度都会在一起进行交流学习。在授课的过程中，有人提到了一个话题"公司最近几年的培训工作做得很不到位"。这个话题很快引起了共鸣，总代理们纷纷抱怨起来，认为公司的培训不过是虚耗时间而已，对实际工作没有一点儿帮助。

这时，管理学专家突然问道："你们为什么不带头发动改革呢？"

这句话说完，会场立刻安静下来。大家虽然之前都在抱怨，但是培训工作毕竟不归自己负责，而且他们也担心自己的主张会被高层忽视，因此一直没有想过向高层反映情况。管理学专家得知大家的想法后鼓励他们派代表或者联名上书给公司高层，游说高层进行培训改革，他还表示愿意为大家提供一些必要的帮助。

在管理学专家的鼓励下，大家决定安排3名代表去公司董事会作报告，重点讲述培训的不足以及改革的优势，并强调培训改革对公司发展方方面面带来的影响。这次的报告引起了董事会的注意，董事长找到负责授课的管理学专家，询问对方到底怎么回事。管理学专家笑着说："这就是授课的基本成果，只要每一个人都拥有这种主动意识，公司的所有问题不都会迎刃而解吗？公司要做的就是鼓励他们努力参与其中，这才是伟大团队的一个特质。"董事长点点头，决定采纳那个改革方案。

美国思科公司的总裁约翰·钱伯斯认为，信息化时代的社会竞争不再是大鱼吃小鱼，而是快鱼吃慢鱼。在信息化时代，社会变化越来越快，商机往往转瞬即逝，企业想要更快地占据市场，就需要拥有更快的行动速度和更敏捷的反应能力。"快鱼吃慢鱼"靠的就是快速发现、快速决策、快速行动，一旦发现有合适的目标，不要花太多时间去设计完美无缺的执行方案，而应该尽可能先尝试。只有主动去尝试，才能了解自己的选择和策略是否合理，才能弄清楚这件事情是否真的值得去做。

执行与战略规划应该紧密结合在一起。当战略规划不明确，个人对潜在的机会没有太多的把握，或者不太了解时，为了不错过机会，可以选择先在小范围内进行尝试，验证自己的直觉是否靠谱，或者通过尝试来明确企业接下来的发展方向。这种尝试往往是战略规划制定的先决条件，也是推动企业制定战略并落实战略的关键步骤。企业在不确定是否应该挑战某个项目时，最合理的做法是先成立一个小分队，然后投入适量的资金去开发相关的技术和产品。通过最初的接触，企业往往可以更直观地了解相关的项目，然后决定是否要制订更合理的发展计划。

其实，很多公司拥有不错的创意，也能挖掘商业机会，但它们缺乏立即行动的勇气，遇事犹豫不决，总想等到万无一失的时候再动手，总想有了完美的方案后再采取行动。它们害怕失败，害怕出现意外，做事时总是瞻前顾后，于是错失了很多发展的良机。

相比之下，优秀的公司更具执行意识，它们在机会面前会表现得更加主动，不过这并不意味着它们会盲目进行尝试。一般情况下，它们会专门成立一支研发小组或者先行队，用来在市场上搜集信息，寻找优质项目。当锁定目标后，公司会要求他们先试着经营该项目。如果项目开展得非常顺利，他们就会上报公司总部，然后公司会按照实际情况扩大项目的规模，或者在公司内部更大范围内推广该项目。反之，如果项目进展不顺，存在诸多问题和风险，这个小组就会提前终止执行计划。通常情况下，企业对新项目的开发，对新领域的探索都依赖这些小组，它们像触角一样，通过不断的尝试去开拓新领域，去寻找破局的方法。

　　企业可以借鉴这种经营管理模式，或者尝试循序渐进的经营模式，用较小的投入去积极尝试和创新。同时，企业应该对那些敢于尝试的员工给予奖励，以此来激励员工大胆创新、大胆摸索。

第七章
找准切入点，寻求突破

看清时代发展的趋势，把握正确的方向

在谈到企业发展的时候，人们通常会将思维局限在企业实力上，比如企业有多少资源，企业掌握了多少技术，企业拥有多少人才，企业的规模有多大，企业拥有多少供应商，企业占据了多大的市场……人们习惯于将企业的成功归结为自身的实力，归结为创始人或者管理者的能力，却常常忽略了企业发展的另一个要素：势。

企业想要发展是需要借势的，这种势简单来说就是社会发展和时代进步的势。一个企业有资金、有技术、有资源、有人才、有市场，但它很有可能难以持续发展下去，甚至可能很快就被市场淘汰，原因就在于它没有把握住时代发展的"势"，没有看清时代发展的趋势，不了解时代真正需要什么，真正看重什么。

企业想要发展，必须向内看，想办法提升自己的实力，将发展的各要素加以强化和优化。但是，仅仅如此还是不够的，优秀的企业会放眼全局，会在整个大环境中看待自身的发展，它们始终明白一点：企业的发展往往脱离不了时代发展的影响。

优秀的企业往往是迎合时代发展需求而出现的，阿里巴巴的出现固然有马云的个人能力和远见做支撑，但如果没有互联网时代的高速发展，阿里巴巴、腾讯、京东、拼多多等都不可能发展起来。

中国近几年有很多公司开始加快投资云计算，阿里巴巴的阿里云和华为公司的华为云更是行业中的翘楚，它们成了国内云计算市场上最具竞争力的龙头企业。而阿里云和华为云之所以能够实现快速发展，最重要的原因就在于互联网技术和信息技术的快速发展产生了大量的数据，而企业需要很好地处理、存储这些数据。而在未来，数据只会越来越多，云计算的出现正好可以解决数据存储、数据利用的问题。

反之，那些违背时代发展潮流，违背社会进步趋势和理念的企业，最终都因为落后的技术、落后的模式、落后的思维而被市场淘汰。即便它们曾经风靡一时，甚至垄断过整个市场，也不可避免地成了时代淘汰机制下的牺牲品。诺基亚手机曾是手机行业中耀眼的明星，但是由于无法跟上潮流，甚至逆潮流发展，最终被其他竞争对手无情赶超。

因此，企业想获得更好的发展机会，一定要注意把握内外部的环境，要真正懂得顺应时代发展要求，想办法站在时代发展的高度上制定战略，想办法迎合时代发展的需求去拓展自己的产业，想办法从时代发展的轨迹中获取时代发展的红利。

那么，企业应该如何确保自己可以跟上时代发展的脚步，或者应该如何去预测时代未来的发展趋势呢？

首先，主动分析时代变化的趋势和社会发展的规律，积极关注那些新鲜事物，预测它们在商业化、市场化、规模化方面的可能性，并预测它们的发展空间。新技术的应用和新模式的出现，往往都是社会发展的征兆，企业必须认真对待这些变化，并从中把握商机。

比如，新兴国家崛起的趋势已经势不可挡，产业链转移成了一种必然。企业想要摆脱激烈的竞争环境，就需要想办法尽早将产业转移到新兴国家的新兴市场上，在新的市场上参与竞争，打造属于自己的竞争优势和发展空间。

又比如，健康医疗是如今最受欢迎的产业之一，为了更好地守护健康，增强体质，延长人体的寿命，越来越多的企业进入生物医疗行业，再生器官技术、人造器官技术、抗衰老技术、基因改造工程、机械电子学与人体结合、脑力开发技术等广受好评。

其次，企业的领导者应该用心体验生活，看看生活中有什么变化，看看周围的人有什么新需求，看看人们对生活有什么新的期待，这些需求和变化可以间接反映时代的发展趋势。对于企业家和创业者来说，更多地了解生活中发生了什么，可以从中获取更多关于商业破局的新思路。

比如，当社会上越来越多的人开始玩直播的时候，一些企业就意识到直播风口或许已经到来。于是，这些企业邀请明星和网红帮忙带货，让企业内部人员开通直播带货渠道，成为早期商业破局的实验者，顺利完成从传统电子商务模式中转型。

需要注意的是，企业想要真正实现破局，想要成为新兴行业的领头羊，需要将时代发展的需求与自身发展的需求紧密结合起来，从而更好地推动自身实现突破。

从政策趋势中寻找破局的机会

　　2011年9月，袁宏亮、王珺和张新艳一起在南通创立了沃太能源。一开始很多人都不看好这家公司，也不看好这个行业，认为国家会为每户人家、每个工厂供应电力能源，根本用不着储能。但是，袁宏亮认为能源总体上是短缺的，国家的电力供应系统有时候也会面临供应不足的问题，而家庭用户储能设备有很大的需求空间。这是因为家庭储能设备能为家庭储能，而且往往比国家提供的电力更加便宜和稳定。

　　早在2011年3月份，《中华人民共和国国民经济和社会发展第十二个五年规划纲要》中就谈到了储能产业，这使得十二五期间出台相关储能支持的具体政策成为可能。同一时期的美国、德国等地也出台了储能的相关政策，袁洪亮意识到自己可以在全球范围内进行业务布局。

　　为了提升公司的储能优势，袁宏亮先后在美国、澳大利亚、德国建厂，因为这些国家的电价非常高，对于那些耗电量大的企业和家庭来说，电费会成为一笔巨大开支。储能系统的产品讲究谷电峰用，沃太能源公司的家用储能系统可以连接光伏及电网的能源存储及管理设备，一方面可以将低价的波谷电力储存起来，然后在价格高的波峰时间段拿出来使用，保证家庭供电的长期、稳定、高效运行；另一方面还可以管理家庭用电，对家庭用电情况进行实时监控。设备的运行情况会实时上传到云端，用户随时可以打开手机查看用电情况，避免浪费的同时还可以消除潜在的安全隐患。

除此之外，公司拥有出色的电池管理技术，公司研发的锂电池可以在每天充电放电几十次的情况下，连续使用10年时间。从某种意义上说，沃太能源研发的储能系统在很多方面都拥有首创性技术。

随着最近几年能源危机的爆发，沃太能源的业务拓展速度越来越快。2021年，沃太能源在全球户用储能系统领域的市场占有率达到了7%，这样的成绩在中国排名第四，在全球范围内则排名第六。排在沃太能源前面的能源巨头分别是特斯拉（18%）、派能科技（14%）、比亚迪（11%）、华为（9%）和LG新能源（8%）。

国家政策往往具有很强的指导性。比如，国家政策可以为企业的发展指明方向，国家往往拥有自己的战略规划，这些战略规划比企业的战略规划要更加长远。更重要的是，国家战略的稳定性很强，趋势性很明显。企业发展如果可以紧跟国家政策，那么基本方向就不会出错，企业就可以拥有更好的发展空间。

国家还可以为企业的发展提供必要的资源。通常情况下，国家为了扶持一些新兴产业或者一些特定的产业，就会为其提供更多优惠的政策（诸如政策补贴），以及更多的资源（为企业发展开通绿色通道）。

国家政策会为企业带来很多的机会。对企业来说，最好的发展机会就是政策机遇，因为国家有社会变革和产业升级的需要，这是国家几十年甚至上百年的发展规划内容。而这么长的时间本身就符合企业长期发展战略规划的需求，符合企业长线操作的模式。一般情况下，当国家制定行业相关政策，尤其是新兴行业的相关政策时，便意味着国家未来几十年的产业转型和变革，也意味着社会财富将会在相关行业中大量产生，这些行业会成为国家新的财富增长点和经济发展的增长点。对企业来说，社会的经济增长点完全可以转化成为企业的经济增长点。

从某种意义上来说，国家政策是企业发展的最大保障。企业如果在第一时间就理解国家政策中的内容，就能够迎合国家政策去经营自己的产业，发展自己的项目，从而获得更大的发展空间。因此，企业需要经常关注国家的政策发布，尤其要关注那些重要的经济政策，还必须花费更多的时间和精力从中挖掘高价值的信息，及时了解国家对相关行业的评估、期待和布局，并以此来指导自己的经营。

积极感知行业变化，把握先发优势

俞敏洪创立的东方甄选是近几年很火爆的直播品牌之一，它与抖音一度创造了互赢的局面，也让企业直播走上一个新的高度。不过，随着直播行业的饱和，以及东方甄选的不断扩大，俞敏洪开始意识到一个问题，那就是很多企业、品牌在抖音平台或者其他直播平台上获得短期发展后，往往会被公域流量捆绑。为此，很多企业开始在互联网行业中发展私域流量。

2023年8月，俞敏洪在个人微信公众号中曾讨论过关于东方甄选与平台的思考，当时他意味深长地说道："基于外部的平台所建立起来的热闹的商业模式，是有很强的脆弱性的，要夯实长期发展的基础，我们还有很长的路要走。"在这段话中，俞敏洪已经隐晦地解释了东方甄选脱离抖音平台的事件。

在俞敏洪看来，企业进入直播界是一个重要的选择，但是企业借助外界的直播平台也有很大的局限性，那就是渠道单一化带来的风险。一旦渠道受限，那么原本的公域流量将会被回收，这就相当于企业把挣钱的命脉掌控在别人手中。俞敏洪认为东方甄选虽然在短期内可以从平台上获得很大的流量，但是企业的发展明显受制于人，在平台内部激烈的竞争中很难真正做大做强。正因为如此，俞敏洪一直都在努力打造自己的私域流量池，而打造属于自己的APP就是一个关键步骤，只有这样，才能真正将流量放进口袋里。

东方甄选面临的发展问题是互联网行业中普遍存在的，那些依靠互联网平台发展起来的企业，可以轻而易举获取大平台上的公域流量，然后迅速将流量转化成为收益。不过，由于流量是别人的，企业想要发展必须尽可能迎合平台的要求。

其实，餐饮行业也是如此。传统餐饮往往会借助互联网优势发力，依托于智能化管理工具，积极引入外卖平台流量。可是巨大的流量并不能变成自己的私域流量，平台上推行的优惠折扣虽然可以吸引大量消费者，但庞大的客户群真正记住的往往只有平台，对于餐饮商的印象很弱，低价策略只是帮助平台吸引更多流量而已。所以，随着餐饮商与平台的合作不断深入，真正挣钱的只有平台，真正做大做强的只有平台，真正掌控话语权的也只有平台，而商家的利润会不断被压缩。

从某种意义上来说，无论是东方甄选还是餐饮店，它们都在流量时代遭遇了困局。这种困局本身和社会发展、行业发展有关，随着互联网、人工智能的不断进化，企业的生存环境、生存模式、生存理念都会发生变化。为了获得更好的发展，企业需要进一步摆脱平台的束缚，打造更强的品牌认知度和经营的自由度。真正优秀的企业善于感知行业的发展趋势，了解行业中的具体变化，并迎合这种变化，然后针对性地给出破局的方法。

任何行业都处于不断变化发展的状态，行业中的各种要素会不断变化和重组，行业中的参与者也在不断更替。立足于行业的发展环境与发展趋势的企业，也同样会因为环境的变化而丧失发展的后劲，所以企业保持对行业的强大感知能力非常重要。而想要把握市场，想要获得更多的流量，想要在市场上占据更大的竞争优势，就要懂得观察局势。及时了解行业发展的动向，了解行业的基本趋势，了解其他企业发展的现状，通过对行业基本信息的搜集，企业就更容易认识到自己面临的情况，也更容易找到行业发展的新出路。

一般来说，企业需要集中精力对市场发展的规律、产业分布的基本状况、行业发展的趋势、市场环境的变化、市场供给情况、市场竞争格局等情况进行调研。弄清楚自己目前处于什么阶段，在行业中的层次和地位如何，受市场变化的影响大不大，未来应该如何进行调整。

调研清楚之后，要根据行业的变化及时调整发展方向，而不是等着情况变得更加复杂，也不是盲目觉得这些变化根本无关紧要。企业需要依据调研的情况来制定合理的规划，设定新的方法，明确做事的方法和原则。通常情况下，企业越早发现问题，越早进行转型，就能更好地把握机会。

需要注意的是，对行业变化的感知往往建立在强大的信息搜集能力基础之上。企业为了及时了解市场动向，往往需要成立信息搜集团队，以便在第一时间就掌握重要的信息，然后针对市场上发生的变化做出深入分析，从而准确分析市场动向和发展趋势，并以此来引导自己的行动，推动自己更早地实现突围。

把握商业趋势的五个变化

企业想要实现破局，不能完全依赖自己去摸索，在提升自我的同时，还需要结合环境变化来寻求更高效的方法和更丰富的渠道，其中就包括对商业趋势的把握。而从现实出发，企业需要了解商业趋势的五个转变。

产业关系：从"静态连接型"转向"动态一体型"。

在传统的工业时代，企业对于供求关系的思考更多地停留在静态观点，它们更多地选择"静态连接型"的发展模式来维护产业关系。企业一旦确定目标市场，那么围绕目标市场提供产品或服务的做法，会直接将企业的注意力和焦点放在产业链上下游的合作上。这种产业关系往往比较松散，因为上下游的合作商本身也是不稳定的，彼此之间的关系并不紧密，客户需求也会不断变化。

动态的供求关系一体化并不是站在单一企业的立场，或者从某个行业的角度出发，它是从整合产业的角度出发，以客户需求为核心，利用信息技术手段，将相关的利益方整合在一起，打造一个共生共荣的体系。比如，现在的互联网+就是通过信息技术实现减边界（消除合作边界）、减闲置（去除不必要的资源和环节）、减低效（整合资源，减少浪费），实现价值增值。

供求关系一体化是商业世界的核心逻辑，企业遭遇瓶颈或者陷入困境的时候可以从这个角度出发寻求解决问题的方法。企业需要将客户纳入系统性思考，动态柔性地跟随客户需求的变化而变化。

企业协作：从"有限利益"转向"无限价值网"。

企业之间的协作往往建立在利益需求的基础上。换句话说，企业之间的合作都是为了满足自身的利益。不过，在传统的商业协作模式中，价值链起到了关键作用。上下游企业之间存在明确的利益链接，双方之间可能在某一个或者几个项目上存在部分合作，而且很多合作可能就是一次性的。此外，不同的价值链往往是独立存在的，这就使得企业之间的关联性受到了一定的限制。

大规模制造和大规模定制时代的企业，往往依赖技术、产品、服务等单一要素参与竞争。在网络经济日益发达的趋势下，传统的线式价值链的优势正在衰退，企业需要将自身具备的多条价值链进行整合，构建一个无限的、虚拟的网络化组织，通过构建更高效的商业生态系统实现持续发展。

从价值链到价值生态网络的转变，体现了交易成本最小化的经营理念向交易价值最大化的理念转化。企业一旦把握了客户需求，就立即将不同价值链上的相关资源和能力迅速整合起来，确保企业可以聚焦大批具有核心竞争优势的优质资源。

经营重心：从"企业中心型"转向"客户中心型"。

在传统的市场上，一般沿用"企业中心型"经营模式，企业占有更多的话语权，所有的研发、生产和服务都按照企业的需求或者计划来进行。比如，很多企业都重视技术研发，并以技术为导向来经营管理企业。这些企业会研发大量的新技术、新产品，然后直接将其投放到市场上，它们认为只要技术足够好，就会打开更大的市场。然而，很多科技公司恰恰是在这样的经营模式下走向了消亡，原因就在于它们一味追求技术革新，却忽略了再好的技术如果没有迎合市场需求，就会变成一种浪费。

随着市场的不断完善，以及供求关系的改变，企业中心型的经营模式开始向客户中心型转变，企业的经营管理活动必须围绕着客户的需求来转动。企业在开展经营管理活动之前，需要认真做好市场调研工作，了解市场动向，挖掘消费者的需求，然后依据这些需求研发相应的技术和产品，推行相关的服务，确保企业与消费者之间建立起更强、更稳定的连接。

经营方式：从"规模范围型"转向"利基深耕型"。

在过去，企业的商业逻辑很清晰，就是努力扩大发展规模。比如，企业的员工人数有多少，设备有多少，开了几家分公司，总投资为多少，企业占有的市场规模有多大，营业额有多少，服务的消费者群体有多广……

管理学专家菲利普·科特勒在《营销管理》中谈到了利基，他认为利基市场是一个小市场，这个市场没有得到令人满意的服务。产品推进这个市场，有盈利的基础。重视利基市场，也就是重视细分市场，从而确保企业可以将全部的力量和资源集中在某一个特定的市场、某一个特定的客户群体中，创造出产品和服务的巨大优势。

以苹果公司为例，苹果公司只推出高端手机，价格基本上都是五六千元以上的。很多人认为，苹果公司完全可以依靠自己的品牌效应拓展产品线，推出低端、中端、高端等不同类型、不同层次的机型，从而在短时间内占据更大的市场份额。其实，这样的发展策略在短时间内或许可以刺激销售额的上涨，能够保证市场规模的扩大，但是从长远来看，则会破坏苹果手机的品牌效应，iPhone的高端形象也会就此打破。iPhone之所以受到大众追捧，除了产品质量过硬之外，完全建立在高端机型的基础上，如果推出了中低端机型，iPhone的利润会被大量压缩。

产品开发：从"目标计划型"转向"需求迭代型"。

在传统的企业中心型发展模式中，企业会根据自己的发展状况和行业的相关环境制订较为完善的发展计划，然后企业的研发、生产、销售、服务等经营管理活动都严格按照计划执行。这样的发展模式有一个很大的问题，那就是企业或者企业家往往在主观上认为自己应该怎么做，而忽略了市场的反应。比如，市场本身处于不断变化的状态，计划可能赶不上变化，一些产品开发的时间计划可能远远落后于市场技术的变化和需求。目标计划型的发展看上去非常稳定，但因为市场拥有很多不确定性，这会导致产品开发常常过于超前或者过于落后。

随着企业对市场的不断重视，相应的商业发展趋势也开始产生了改变，人们的需求会不断变化、不断升级，而且迭代变化的速度会越来越快。这个时候，企业必须跟上市场变化，必须把握住消费者的需求迭代速度，推出迎合消费者需求的好产品和好服务。

很多企业之所以难以实现破局，就是因为发展始终停留在目标计划型的层次上。如果它们可以及时做出改变，向需求迭代型转变，就可以在把握新需求、挖掘新需求的时候找到新的突破点。

企业了解以上五个商业趋势的转变，可以更好地了解商业破局的基本逻辑，从而更好地帮助企业找到新的发展空间和更高效的发展模式。

做好市场调研，挖掘新的机会

在20世纪20年代，有个叫斯隆的轴承厂老板加盟了通用汽车公司。经过一段时间的观察，他意识到自己的一些管理和发展理念存在很多的问题，这些问题似乎是因为自己的视野受到限制而引起的。进入通用汽车公司之后，他发现这些大公司的管理同样存在一些问题，尽管大公司的老板具有更加广阔的视野，拥有更丰富的管理经验，但事实上和自己一样存在强大的惯性思维。这些惯性思维对企业的发展极为不利，尤其是市场越来越火爆的汽车行业。

福特汽车公司研制出了畅销全球的T型车，这让通用汽车公司感到压力重重，但是斯隆并不担心。这是因为他发现福特公司在研发汽车时是按照自己的理解和思维去做的，而不是根据市场。福特公司的汽车虽然卖得很好，可更像是一个意外，因为它们并没有真正去考虑消费者的具体需求。

斯隆隐约感到汽车消费多样化时代即将来临，汽车行业的生产、销售模式中必须纳入服务这样一个重要环节，而服务的前提就是对市场进行了解，挖掘顾客身上多种多样的需求。正因为如此，斯隆带领团队进行了长期的市场调研和分析，并做出了针对市场上每一个价位设计质量优秀的汽车的战略决策，当时斯隆提出来一个口号："为每一个钱包和每一种用途生产汽车。"在这样的经营理念和服务理念下，通用汽车正在打造一个精细化的汽车市场。

为了进一步了解和划分市场，斯隆做出了变革，直接将经销商也纳入顾客的范畴当中，这在以前是无法想象的。斯隆认为，经销商本身就比厂家更加了解市场的具体布局和结构划分，也更加了解市场需求的变化。所以他会定期走访经销商，了解他们的真实需求，并从他们那儿收集更多的信息，以便了解一个更加真实的市场。在运用这种以市场需求和客户需求为导向的发展战略之后，通用汽车公司很快就超越了福特公司，成为美国汽车行业乃至世界汽车行业的领头羊。

一个企业想要突破环境的束缚和自身发展的瓶颈，就要善于挖掘商机、把握商机，只有这样才有更大的机会实现破局。不过，随着时代的发展，随着社会的进步，商业变化越来越频繁，传统商业时代的一些经营管理方法和经营管理模式已经无法适应新的环境。比如，在汽车、自行车、煤炭、钢铁等传统行业中，商业计划基本上没有什么模式可循，企业可以按照自己的经验去做；但是在一些新兴行业中，尤其是高科技行业，情况就发生了变化，很多企业不清楚市场是什么，市场在哪里，自然也不清楚商业计划该怎样制作，这便成了企业难以做大做强的一个限制性因素。

麦肯锡公司曾做了大量的调查和案例分析，发现随着科学技术的进步和社会的发展，新兴市场中的商业计划越来越令人感到无所适从，如何把握商业机遇成了一个普遍存在的难题。对此，麦肯锡公司提出了著名的"七步分析法"，用来帮助企业分析并把握商业机遇。

第一步：确定新创公司的市场在哪里。

企业必须搞清楚市场是什么，自己位于市场价值链的哪一端，自己的市场又在哪里，这样才能弄清楚谁在和自己竞争，自己的发展机遇在哪里。明确市场所在是企业起步发展的关键，如果不清楚市场在哪里，无法给自己做一个定位，那么在激烈的竞争环境中很难生存下去。

第二步：分析影响市场的每一种因素。

明确自己的市场定位后，企业就要分析该市场的抑制、驱动因素，弄清楚哪些因素会抑制自己的发展，哪些因素会驱动自己进步；哪些因素会形成长期的影响，哪些因素会造成短期的影响。对于那些长期产生影响的抑制因素，一定要重点分析，然后考虑是不是要继续在市场中投入。

第三步：找出市场的需求点。

分析市场各种因素，有助于找出相关市场的需求点。企业需要分析市场，对客户进行分类，了解不同类型客户的增长趋势。挖掘客户的关键购买因素是什么，看看客户购买产品时最关心什么。通过对客户信息的了解，可以从中挖掘他们的基本需求，可以挖掘他们真正想要什么样的产品和服务。

第四步：做市场供应分析。

市场供应分析是指企业要弄清楚多少人在为这一市场提供服务，毕竟在整个的价值链中，为企业提供服务的人有很多。企业要找到供应商，并明确它们在供应市场的优势和劣势。

第五步：找出新创空间机遇。

供应商要做的就是寻找尽可能覆盖市场的商机，简单来说就是寻找市场的空白。当其他供应商无法满足某种需求时，企业需要依赖新的创业模式来填补它，并且集中火力做好这件事。

第六步：创业模式的细分。

当企业知道市场的需求、关键购买因素、市场竞争的优劣势之后，就能了解新创公司竞争需要具备的优势是什么，企业便可以此来设计商业模式。设计商业模式的第一步就是占据市场，寻求合作伙伴，然后随着知识产权的增加，延展价值链。

第七步：风险投资决策。

这一点是针对那些风险投资商而言的。在完成前面几个关键步骤后，风险投资商就需要对市场和相关的项目进行评估，然后结合自身的情况，看看投资的增值能力，然后把握投资的时机，明确投资的力度。

想要通过把握商业机遇来打破发展的僵局和困局，便需要认真做好市场调研工作，对市场发展趋势、市场需求、市场竞争状态、潜在的合作伙伴和竞争对手、发展机遇和风险等内容进行详细地分析，尽可能掌握更加丰富、客观的信息，然后做出合理的判断和决策。"七步分析法"是非常合理的一种调研方式，它能够更有效地推动企业进入市场、把握市场。

除了七步分析法之外，企业还可以按照自己的发展情况和实际需求选择其他的市场调研方法。不过，无论哪一种方法，最重要的是深入市场和用户群体之中，去搜集更多有关消费的信息，而且要对目标客户进行分类，然后制定更具针对性的措施去吸引自己的用户。

第八章

借助外力，尽可能为破局创造更多的机会

寻求外部的合作，提升经营的效率

随着社会的发展，随着社会合作机制的推进，尤其是分工合作的细化，市场经济想要实现健康发展，就需要实行合作共赢的策略，想办法实现优势互补。许多企业已经认识到，想要实现长远发展，想要在行业中脱颖而出，想要实现商业破局，仅仅依靠自身的发展远远不够，还需要借助外界的资源，获得外在的助力，通过合作的方式给自己增加筹码，以此来实现双方或多方的共同收益。

正因为如此，企业需要保持开放的姿态，积极与外界展开合作，而不是故步自封。一般情况下，企业可以选择和一些优秀的企业或机构达成战略合作关系，确保自己可以获得更多的资源、经验、技术、资金、渠道、影响力，实现企业软实力、硬实力的提升以及多元化发展。

2010年，比亚迪与奔驰公司展开了合作，双方共同出资成立了腾势汽车。彼时的比亚迪虽然在新能源领域小有作为，但并没有太大的知名度，在国际市场更是没有多少影响力。奔驰公司却早是全球知名豪华汽车品牌之一，无论是发展规模还是实力，都在国际市场上首屈一指。通过这样的合作，奔驰可以更好地了解三电技术，为之后的新能源汽车业务发展提供更大的助力，而比亚迪则可以更好地借助奔驰的技术和影响力提升品牌知名度。

2020年3月25日，比亚迪又与丰田公司进行合作，双方成立了比亚迪丰田电动车科技有限公司，这也是丰田在华的第三家合资公司。新公司注册资本为3.45亿元，双方各持50%的股份。公司主要负责设计、开发纯电动汽车及其衍生车辆，以及纯电动汽车及衍生车辆零部件，同时开展纯电动汽车及其衍生车辆用零部件、组件和总成的进出口及销售的相关业务，也包括售后服务和其他一些相关的咨询业务。

这一阶段的比亚迪发展迅猛，在纯电动车型的三电系统及IGBT芯片等领域已经拥有全产业链的技术优势，而且连续四年获得新能源汽车全球销量冠军，实力非常强大。这也是它能够吸引丰田公司合作的基础。虽然丰田汽车在混动、氢能和燃油车领域拥有很大的竞争优势，但在全球都在推广纯电动车的大前提下，它必须借助比亚迪e平台（它是全球首个可开放共享的纯电动汽车平台）来发展纯电动车。而丰田公司在品牌运营方面实力非常强大，比亚迪想要走向世界，就需要与其成为战略伙伴关系。此外，丰田汽车的车辆成本管控方面的优势非常明显，值得每一个车企学习。

通过这两次合作，比亚迪的技术、品牌和国际影响力都得到了提升，比亚迪企业得到了进一步发展。

现如今，越来越多的企业告别了单打独斗的经营模式，不断寻求强大的合作者，通过外部合作来实现优势互补。无论是国内企业的强强联合，还是国内外企业的战略合作，均凸显了企业寻求行业突破的意愿。不过，合作并不是简单地共同经营某个项目，或者进行资源互换，想要构建更完美的合作关系，想要产生1+1大于2的效果，就要打造更加完善的合作机制。

首先，一定要找到双方的共同利益。当企业希望从客户或者合作伙伴那儿获得更大的帮助，并且直接建立合作关系时，往往需要先找到双方合作的基础。双方一般需要找到一个共同利益点，只有双方的利益均得到满足，彼此之间的关系才能建立起来，也才能得到更长久、更稳定的维持。一旦某一方经济利益受损，或者双方的目标不能保持一致，彼此之间的合作关系可能就会受到影响。

其次，要识别自身的核心竞争力，以及自身合作互补需求，然后了解对方的优势。企业在找寻合作方或洽谈合作时，一般要提前进行判断，弄清楚双方是否彼此契合，这样才有推进商谈的可能性。如果对方身上没有自己所需要的价值，自己也无法给对方提供所需的价值，那么彼此之间的合作也就难以进行。

再次，拥有合作意向的企业，最好签署合作合同。将彼此之间的合作模式、双方的权利义务、利润的最终分配等关键内容清晰明确化，做就可以避免日后出现各种经济纠纷，从而确保彼此之间的合作更加长久和稳固。

还有一点非常重要，企业在寻求外部合作的时候，应该坚持循序渐进的原则。双方在具体的合作方式上，可以尝试着先通过单个项目合作，再到长期的深度合作。比如，先在某一个项目上合作，效果不错的话再拓展合作范围。双方的合作力度可以不断加大，从最初的资源互补，到技术交流，再到管理上的深入交流，合作越深入，双方的关系也就越稳固。

激活闲置资源，创造更多的价值

亚马逊的AWS（Amazon Web Services）云计算，在全球拥有数百万活跃客户和数千个全球合作伙伴。然而，就是这样一款优质产品，一开始并没有获得亚马逊公司太大的关注。某次公司进行内部整改，有人发现公司内部存在很多闲置冗余的服务器资源，它们对公司的主营业务并没有什么太大作用，可是就这样放置不用的话，会产生很大的浪费，而且需要公司花费一定的成本去维护。有人提议重新启用这些资源，可是经过衡量和评估，不少人觉得启用的价值不大，而且无法为主营业务提供帮助。就在这个时候，有些工程师提出了一个想法，那就是将这些闲置的IT资源直接面向用户开放使用，公司可以从中收取一定的IT资源的使用费用。

公司并不指望这些IT资源能够创造多大的收益，但这一无心的举动却直接催生了AWS云计算。作为一个安全的云服务平台，AWS能够为客户提供计算能力、数据库存储、内容交付以及其他功能来帮助实现业务扩展和增长。要知道，传统的企业公司通常都是通过自建IT系统的方式来使用IT资源。而这种做法有一个很大的弊端，那就是自建IT系统需要耗费大量的成本，包括前期购买IT设备，后期持续投入IT系统维护费用。对于很多实力不强的中小企业和初创企业来说，这是很大的负担。亚马逊推出的云计算可以让这些公司无须自建IT系统，只要通过购买的方式就享受到云计算产品，就能使用云端的IT资源，而这笔费用相比于自建IT资源几乎微不足道。正因为如此，AWS云计算的业务越来越多，这款在互联网思维尝试下诞生的产品逐步成为亚马逊公司新的经济增长点，并成为引领云计算产业不断发展的爆品。

企业在发展的过程中，往往会存在主次之分，对于资源的依赖程度决定了它们在资源利用方面会产生一些侧重点。比如，技术型的企业更加依赖人才和技术，对原材料之类的资源反而不那么看重；粗放型发展的企业可能更加喜欢资源的堆砌，对于技术要求不那么高。不同类型的企业会有不同的需求和模式，而这些不同的模式就可能会导致各要素的利用情况存在差别，有时候，很多资源和要素会被闲置和忽略，从而产生一定程度的浪费。企业要做的就是提升资源的有效利用率，确保每一种资源都可以转化成为生产力和效益，毕竟任何一种资源都是有价值的，只要合理利用，就一定能够带来更大的效益。

闲置资源的类型有很多，包括常见的原材料资源、技术资源、人才资源、社交资源等。不同的企业可以按照自己的情况整合闲置资源。一般来说，闲置资源的处理有多种方式。

一、闲置资源的交易

企业可以将自己的闲置资源放到市场上与其他企业进行交换，获取自己所需要的资源，这样就可以发挥闲置资源的交易价值。为了提升闲置资源的交易价值，企业需要认真选择合适的交易对象，要了解自己真正缺乏什么资源，同时也要确保自己的闲置资源可以满足交易对象的需求，从而实现交易互补。

二、闲置资源的升级

很多企业之所以存在闲置资源，可能就是因为这些资源的利用效率很低，无法匹配企业发展的需求。为了利用这部分资源，企业需要想办法进行资源加工和资源升级，从而提升资源的利用价值。通常情况下，企业需要针对性地提升自己的技术，需要在闲置资源的处理上注入更多的资金，确保闲置资源可以迎合产业升级的需求，从而爆发出更大的价值。

三、闲置资源的转型

资源转型与升级有区别，转型主要是指从一种类型或模式转向另一种类型或模式，而升级则指对核心内容的深化和提升。闲置资源的转型简单来说就是改变原有资源的用途，形成新的利用模式，让闲置资源发挥更大的价值，最常见的就是闲置土地、闲置厂房的转型利用。

四、闲置资源的整合

许多闲置资源并不是没有用武之地，而是没有找到合适的匹配对象，如果可以与其他资源相互配合，那么它的价值就会被释放出来。正因为如此，企业需要想办法构建一个资源整合平台，将企业内部原本独立、分散的闲置资源整合在一起，形成新的高价值资源。

总之，闲置资源的激活方式多种多样，企业需要按照自己的实际需求进行处理。激活闲置资源的核心就是重新挖掘闲置资源的价值，确保闲置资源可以产生更大的效益。在挖掘价值的过程中，企业需要制定更加合理的方案，对闲置资源进行更加深入的了解和分析，从而创建更高效的激活模式。

找不到用户的需求，那就替用户创造需求

企业的发展必须围绕客户来转，必须做到以市场为导向，以客户为导向，还要善于把握客户的痛点。一般来说，只要找到客户的痛点是什么，就可以找到客户的需求。痛点是指人们在日常生活中使用产品或者享受服务时，所产生的负面体验和一些不良的情绪。痛点是消费体验中的一个问题，它会持续或者反复出现，而且往往超出了客户的忍受阈值。比如，在谈到折叠屏手机的时候，用户的痛点往往是折叠屏的质量问题，折叠屏易损坏是大家普遍的担忧。又比如食品，绝大多数消费者购买儿童食品时的痛点就是安全问题，各种添加剂和防腐剂让消费者忧心忡忡。

把握了客户的需求，也就决定了产品未来的发展方向。商家如果能把握客户的需求，就可以打开市场的突破口。经济学上有一个著名的鱼缸理论，创业者要把市场当成一个鱼缸，只有深入鱼缸内部，才能确切地知道鱼有什么需求。

比如，当大家都在焦虑新能源汽车电池续航能力不足时，新能源车企可以推出更强续航能力且充电更快的汽车。当大家都在担忧食品安全问题的时候，商家可以推出零添加的安全食品，并以此为营销噱头。只要商家能够顺利解决客户的痛点，就可以在市场竞争中占据先机，赢得更多的关注。

美国西尔斯公司为了挖掘市场需求，创建了一个用户档案。在

这个档案中有63805户家庭的消费信息，包括收入状况、消费状况、人员组成以及相关的年龄、学历、喜好等资料，并按照实际情况为每个家庭设立了更合理的家庭用品消费方案。由于把握住了用户的需求，西尔斯公司的家庭用品销售额在短期内增长了三倍。

不过，并不是每一个企业都可以准确把握用户的实际需求，也并不是所有的用户需求都有机会被找到。在很多时候，用户自身也不清楚自己有什么需求，或者说用户自身的需求没有被发现和了解。比如，对于一些尚未被市场接受的产品，相关功能无法展示完全的产品，或者一些从来没有在市场上出现的产品，用户的痛点和需求有时候很难被找到，这个时候企业就需要想办法创造需求。

创造需求的本质就是通过新技术、新产品、新服务来构建一个新的消费模式，给予消费者从未有过的体验，或者让消费者意识到他们已经产生但并不知道的需求。

在苹果发布会上，乔布斯曾经穿着紧身牛仔裤，然后指着自己的窄小裤兜说："如果我们想在裤兜里塞入一个产品，那它应该是什么？"在大家还在思考问题的时候，乔布斯不慌不忙地拿出了新研发出来的iPhone手机，非常自信地说道："没错，就是它！"大家都在疑惑他为什么要这么说的时候，乔布斯解释道："消费者并不知道自己需要什么，直到我们拿出自己的产品，他们就发现，这是我要的东西！"

在大家的传统思维中，手机就是用来通话的，但iPhone手机外观时尚、操作流畅、拥有强大而完善的应用系统，它不再是单纯用来通话的手机，更像是一台网络时代可以移动的个人掌上电脑。这无疑改变了人们的生活方式，也创造了人们的新需求。

优秀的企业不仅仅要迎合用户的需求，还需要帮助用户创造需求。它们应该具备敏锐的嗅觉和眼光，能够及时发现市场中的变化，能够从市场上挖掘细节信息，然后针对性地对自己的生产经营活动进行调整。不过，这需要掌握一些基本的方法。

第一步，明确用户的路径。简单来说，就是用户为什么消费。比如，很多家长给孩子报兴趣班，那么父母就是客户，而真正的用户是孩子，用户的路径就是开发孩子智力、培养孩子才艺。在找出用户路径之后，商家要做的就是寻找路径中需要解决的相关问题。

第二步，明确路径当中必备的资源。用户购买的并不是产品本身，而是产品自带的资源以及资源所具备的价值。比如，我们购买水果，水果中的资源就是维生素，这是人体所需的养料。商家需要绘制一幅路径图，标注清楚需要什么资源来解决麻烦，需要先做什么后做什么，这样就可以更好地指导自己设计产品。

第三步，分析并解决疑难问题。通常情况下，鱼与熊掌不可兼得。商家选择某一样资源的时候，有时必须放弃另外一项选择。例如，研发优质产品便需要优质材料，优质产品的售价就会昂贵；研发一般产品使用一般材料即可，那么售价就会相对低廉，但是质量就会差一些。于是，要么选择生产好产品，要么选择进行成本控制，而商家要解决的就是两难问题，尽可能生产物美价廉的产品，同时以最小的成本获得最大的利益。

做好这三步，商家就可以提前了解用户所拥有但是不知道的需求，即商家可以替用户创造需求。

吸取别人的破局经验，少走弯路

　　美联银行Wachovia多年来一直都不温不火，很难在竞争激烈的行业中获得太好的发展机会，为此该银行向其他大银行取经，寻求破局的方法。一家银行的高管给出了一个建议——强化内部的沟通交流，因为很多银行的业务发展都被低效沟通给耽误了。

　　Wachovia通过内部的审核与分析，果真发现银行内部的沟通存在问题。其实，Wachovia一直非常注重内部的交流与沟通，管理者还在银行中构建了一个多达1200个网站的内网，但是过于烦琐和分散的搜索系统，给员工的交流、查询、信息收集带来了很多不便。于是，Wachovia准备重新构建沟通体系，以此来改善内部交流不畅和低效的情况。

　　Wachovia重新打造了一套知识管理系统，还创建了一个功能强大的搜索引擎。这个引擎直接连着部门知识库，还为每个部门分别打造了一个由20000个用户知识群组建而成的知识资源中心，并且配备了知识资源小组，小组成员每周都会往知识库输入新的知识。而且，每个部门的知识库通向互联网，成为一个庞大的信息分享库。

　　由于沟通机制的建立，Wachovia的发展越来越好，规模越来越大，最终成长为美国第四大银行。

企业的成功不一定要模仿别人，但完全可以借鉴别人的发展经验，无论是成功的经验，还是失败的经验，都可以为企业提供助力。比如，在一个行业中，往往存在几种角色，包括领导者、跟随者、挑战者、候补者等。领导者可能存在"摸着石头过河"的情况，他们或许是行业的开拓者；但跟随者、挑战者、候补者本身或多或少都具有参照和模仿的成分，他们在行业中想要生存下去，大都会选择吸取领导者的经验；跟随者往往会按照领导者的脚印走下去，对于领导者的发展情况和成长历程非常关注，因为他们觉得跟着领导者的步伐前进往往是最安全的。候补者在进入市场之后，往往缺乏足够的实力，对行业的发展情况也不太清楚，因此会选择参考之前进入的企业，吸取它们的经验。挑战者虽然总是试图进入行业，甚至想要颠覆行业格局，他们拥有一定的创新能力，但在很多时候还是愿意参照领导者的经验，然后针对性地做出调整，尽可能找到适合自己的发展模式和发展节奏。

企业在发展过程中想要找到破局的道路，想要寻求破局的方法，不一定要完全依靠自己摸索。很多时候，可以先试着去了解其他的企业是如何做得，它们在破局的时候有什么经验，为什么能够获得最终的成功，经历了什么样的失败，为什么会失败。

对此，社会学家库尔特·卢因提出了"力量分析"的概念。在这个概念中，他提到了阻力与动力这两种常见的力量。库尔特·卢因认为，每个人或者每个企业身上都具备这两种力量，它们经常一同出现，只是能量值并不一样。当动力大于阻力的时候，企业中弥漫着自信乐观的情绪，执行力十足，大家都不会被眼前的困难吓倒，而是选择迎难而上。当动力小于阻力的时候，企业就会表现得优柔寡断，大家会被一些消极的想法束缚，并且习惯拖延。企业能否实现破局，往往也受这两种力量的影响：企业破局的动力强劲，完全压制了潜在的各种阻力，那么就可以获得成功；反之，当企业破局的动力不足，无法战胜强大的阻力，那么破局便会面临失败。

在借鉴其他企业的发展经验时，可以选择不同的企业作为参照，将所有企业的相关信息列出来，然后进行总结，研究这些企业成功破局的共同原因，以及破局失败的共同原因。在参照经验的时候，可以选择一些侧重点，比如很多企业之所以可以实现商业破局，起因就是因为技术先进，它们依靠技术优势来带动企业出圈，那么企业在选择参照的时候，可以重点关注新技术研发；有的企业能够实现破局，在于商业模式创新，那么企业参照经验的时候，也要注意对商业模式给予更多的关注。

不过，无论是技术、商业模式，还是其他要素，企业在吸取经验的时候，一定要注意坚持"具体问题具体分析"的原则，不要觉得别人怎么样，自己就应该怎么样。一个优秀的企业可以参考其他企业的经验，但不要试图去照搬其他企业的发展经验，因为每个企业面临的情况不同，所处的环境可能也存在差异，更别说企业的文化、制度、组织结构、人员组成都不同，单纯地将其他企业变为己用，可能会适得其反。

利用大数据技术，更透彻地了解市场

众所周知，企业在进行产品创新或者产品定位的时候，必须拒绝主观臆断和主观评估，坚决从市场需求出发，挖掘客户最大的痛点，了解客户最担忧什么、最期待什么样的改变，凡事都以客户为中心。而想要了解客户想了什么，想要弄清楚市场最需要什么，最简单的方式就是收集更多有关市场的信息。

通常情况下，企业通过调查问卷等方式收集信息，了解大家对某一类产品的看法和期待。接着，企业可以收集、整合并分析这些信息，然后从中找寻商机。

不过，传统的信息收集模式已经跟不上时代发展的需求了。在信息时代，企业可以借助大数据技术来找到有价值的市场信息。大数据技术本质上就是对数据收集、存储、计算、分析、呈现的能力，它是"数据+业务+需求"的解决方案。

那么，企业应该如何利用大数据技术，对海量数据进行处理呢？

一、数据清洗和预处理

数据清洗，是指排除无效或冗余数据，选出有用的数据。预处理，是指在数据清洗的基础上，对数据进行归一化处理，方便后续分析和建模。数据清洗和预处理能提高数据的质量和准确性。

二、数据建模和分析

数据建模是指根据实际场景和业务需求，将数据映射到特定的数学模型中。数据分析是指从建模后的数据中提取有用的信息和规律，为商业决策提供支持。常见的数据分析方法有分类分析、聚类分析、时间序列分析、关联规则挖掘等。

三、关联规则挖掘和预测模型构建

关联规则挖掘，是指从数据集中挖掘频繁出现的关联规则，发现项目之间的关系。关联规则挖掘的应用场景包括：购买行为分析、推荐系统、网站点击流分析等。企业可以通过建立预测模型，对未来趋势和结果进行预测，为商业决策提供参考。

在大数据时代，数据是企业的生命根源。企业要灵活运用各种数据挖掘工具和算法，以提高数据挖掘的准确性。同时，在数据挖掘过程中，还要注意保护保密，防止数据泄露和滥用。

做好数据收集和处理工作后，企业便可以更准确地了解目标用户的需求，从而提高产品或服务的质量，增强用户的信任感。同时，通过双线渠道的推广，企业可以更有效地吸引用户的注意力，提高用户的信任感。

企业想要了解客户最在乎什么，可以通过搜索引擎和平台检索关键字，也可以借助大平台上的搜索指数来做出判断和分析。比如，新能源汽车制造商在车评网上搜寻"新能源汽车问题"的字样，下方就会出现诸如"锂电池爆炸""汽车里程焦虑""新能源汽车保值率低"等搜索内容。一般来说，排名靠前或者热议人数最多的问题就是痛点。

再比如，万科集团在客户行为数据调查中发现，现如今各家各户都会在新家安装网络WiFi。不过，由于房间的格局问题，加上墙面的阻挡，使得每个房间的WiFi信号强度不一样，一些房间的信号可能非常弱。于是，万科集团率先在楼房中统一配备了WiFi增强系统，这样一来，用户在购买房子之后就没有必要再次购买信号扩大器来增强信号。

又比如，很多婚恋网站只注重信息的登记和公布，百合网却利用大数据挖掘婚恋市场的一些高价值信息。百合网研究规划部曾经对平台上海量注册用户的头像信息进行分析，发现那些最受欢迎的照片不仅与照片主人的外貌有关，还和表情、脸部比例、清晰度等因素息息相关。那些最受欢迎的女性会员，通常带有微笑的表情，目光直视前方，妆容比较淡。男性的脸部比例占照片1/2、穿着比较正式、目光直视前方，没有刻意摆姿势的人，更容易受到女性的青睐。因此，百合网在挑选会员的时候，会指导男女会员拍出更具吸引力的照片。

通过大数据，人们可以对市场的相关信息进行收集和整理，然后将其与市场现状结合起来分析，针对当前的相关产品进行调整与改进。这个时候，产品的设计和制造就能契合市场的需求，企业的市场定位也就越准确。

总之，企业可以借助大数据技术更好地了解用户需求和行为，提高产品和服务的质量，增强用户的信任感，从而实现更高的投资回报率，进而找到新的商机和突破点。

第九章

想要实现商业破局，需要制定合理的策略

奉行长期主义，依靠耐力赢得竞争

企业需要保持长期经营战略，因为商业破局从来不是一朝一夕可以完成的事情，它需要积累，需要能量的叠加和酝酿，然后在合适的时机释放出来。很多企业在经营某些项目的时候，并不是为了挣多少钱，而是为了获得一个更好的成长空间，为了实现自身价值的增长。因此，它们不会被短期利益诱惑，而是坚定地追求长远的战略目标，坚定地按照自己的节奏走下去，依靠自己的耐力不断积累能量，又不断在坚持中寻找机会。

2002年，高德威接任霍尼韦尔公司的CEO职位时，这家公司正处于破产边缘。高德威上任后，对企业的管理思维、组织流程、人事制度、企业文化、投资和增长模式等进行了一系列调整和优化，而这一系列优化的核心就是奉行长期主义。在他看来，企业的发展必须立足长远，必须保持战略耐性，不要总想着一步登天，即便是一些短期的目标，也必须和长期主义结合起来。经过改革，霍尼韦尔起死回生，市值从原来的200亿美元飙升至1200亿美元，投资回报率则达到了惊人的800%。

需要注意的是，坚持长期主义的理念并不是简单地在时间上进行设置，真正的长期主义具有发展的前瞻性（依据市场变化，提前做好规划）、发展的稳定性（虽有起伏，总体上波动不大）、发展的趋势性（发展速度或许不那么快，但一直处于进步状态）。

首先，想要奉行长期主义就不能被一时的成败所影响。任何挫折和失败都是暂时的，都是成功道路上必须经历的，失败本身也会实现能量的积累，企业可以在不断地尝试和努力中找到最合理、最高效的方法。企业要拥有战略耐性和战略韧性，将目光集中在自己的战略目标上，并排除各种困难和干扰。

2022年12月9日，著名企业家马斯克旗下私人太空公司在得克萨斯州试飞了一艘名为SN8号的飞船，结果这艘飞船在准备降落的时候因为故障而发生爆炸。这件事很快成为全球舆论的焦点，大家都在为这一次的事故感到惋惜。太空公司却对这次的失败显得很从容，马斯克解释道，他并不觉得飞船可以一次性获得成功，公司开展此次飞行的真正目的是验证飞船在12 000米的低空飞行与降落的技术。公司并不急于短期内就掌握相关的技术，也不急于将自家的飞船打造成一个完美的成品，而是拥有足够的耐心去慢慢搜集信息和数据，以此来打磨技术，这一次的失败正好可以指出研发过程中的问题，并提供非常宝贵的飞行数据。也正是因为如此，公司和马斯克都对暂时的失败保持乐观态度。

优秀的企业应该包容失败和挫折，可以承受暂时的波折，它们拥有长远的目光，对于未来的发展拥有非常合理的规划，并且严格按照自己的规划去执行。相比于那些想着一飞冲天，快速实现突围的企业，优秀的企业总是能够保持沉稳的心态，通过每一次的尝试，每一次的努力去强化自己的能力，逐步实现预期的目标。

其次，想要奉行长期主义，企业需要拥有更大的愿景和理想。企业必须设定一个更能够体现未来发展模式的规划，在设定和追求这个更高的目标时，企业要站在时代的角度去分析，要懂得迎合社会发展需求来制定战略规划。很多企业会追求长期发展、长线投资模式，但是它们的战略定位不高，企业缺乏更大的愿景，缺乏更高的思维层次，因此在追求长线操作的时候，很容易因为目标层次太低，而导致无法真正实现破局。

奉行长期主义的企业往往希望自己成为行业中的翘楚，甚至引领整个行业的发展，所以它们从一开始就会将自己的战略目标设置得很高。像华为公司、阿里巴巴公司、苹果公司、亚马逊公司都是这种类型，它们从一开始就对自己提出了高要求，伟大的愿景会推动它们不断进步，不断突破。

再次，想要奉行长期主义，企业需要拥有长期竞争优势。换句话说，企业选择的发展项目、发展模式必须拥有很好的发展潜力，这样企业的耐力就可以得到理想的回报。反之，一家企业如果选择的项目和发展模式缺乏长期竞争优势，那么整个企业在未来的生存会非常尴尬，要么被市场淘汰出局，要么就在坚持中痛苦挣扎。

优秀的企业不会追求短期的竞争优势，而是立足长远，选择那些在未来很长一段时间内都能够带来巨大收益，能够为企业创造竞争空间的项目。这类企业往往善于把握时代发展的趋势，善于挖掘新技术、新模式，它们知道未来几十年时间内，什么东西最受欢迎，什么东西最流行，什么东西最能够创造社会价值，什么东西会成为经济的主要推动力，因此能够有效把握未来的竞争优势。

需要注意的是，长期主义的本质就是借助时间优势来积累财富或者积累竞争优势。对于企业来说，最重要的还是保持战略耐心，坚守自己的战略目标和战略方向，一步一步按照事前的规划去执行任务。

破局之前，先积极构建完整的生态系统

1903年，亨利·福特创办了福特汽车公司。当时汽车的价格非常高，普通人可能一辈子也买不起一辆汽车，高昂的价格使得汽车无法走入千家万户，成为一种生活必需品。于是，福特就思索如何将汽车的价格降下来。

福特想到的第一个办法就是在组装汽车的时候采用流水线作业。公司设置了一条生产线，先把汽车底盘安装在传送带上，然后以一定速度从一端向另一端前行。在这个过程中，公司会安排机器逐步给底盘装上发动机、操控系统、车厢、方向盘、仪表、车灯、车窗玻璃、车轮等配件，等到底盘到达生产线的另一端时，已经快速完成了汽车组装，效率比之前的人工组装提升了成百上千倍。

而在流水线之前，福特公司完成了另一个重要的工作，那就是努力争取生产国际化。具体来说，就是把汽车部件的研发和生产交给其他企业，福特公司只需要从加拿大、日本、墨西哥、德国、巴西和其他一些国家进行原材料和零部件的采购，从而构建了一个强大的生态系统。可以说，福特公司之所以可以实现快速发展，与推出流水线的生产方式密不可分，这个伟大的流程革新改变了汽车乃至制造业的发展历程。而在这之前，福特对生态系统的建设则奠定了良好的发展基础。

　　企业想要发展，想要进步，那么不能仅仅停留在"我有多少资金，我有什么技术"这种单一层次上，而要立足于整个产业链和生态系统来看待发展问题。比如，企业需要优秀供应商提供原材料，需要优秀经销商帮忙销售产品，也需要为下游的企业提供产品和货物。这就像面包的生产一样，一家面包公司或许拥有强大的技术，但制作面包的面粉需要其他公司提供，而且面粉又来源于小麦种植。另外，生产面包所需要的牛奶、黄油，这些都不是面包公司自己能够生产出来的。除此之外，面包公司还需要和其他企业合作，让它们帮忙销售。

　　可以说，任何企业都是整个产业链上的一个环节，它们不可能单独存在，更不可能单独生存和发展，即便是世界上最强大、最优秀的公司，也无法独立于全球化市场之外生存。生态系统并不等同于供应链或者产业链，但产业链的存在就注定了企业必须依赖一个健全的产业生态系统来生存，并且依赖这个生态系统获得突破的机会。

　　20世纪中叶以后，以信息化为基础的新科技革命快速发展，并直接加速了世界经济的联系。随着国际分工和协作不断深化，资本在国际流动的速度不断加快，国家与国家之间、企业与企业之间的合作变得越来越紧密。企业想要获得更好的发展，就要把握全球化的趋势，构筑属于自己的商业生态系统。

　　产业生态系统本身是一个多主体结构，往往由不属于单一组织的多家公司组成，这些公司通常会通过数据流、服务和资金紧密联系，并且形成一个不断变化、半永久的关系网络。企业之间具有明显的竞争性和协作性，各自所拥有的社会功能也能够实现有效互补。不仅如此，商业生态中的所有成员或参与者，会随着时间的推移不断发展，它们需要重新定义自身能力，需要重新评估自己与其他企业之间的关系，然后实现共同发展。

　　那么，企业如何才能打造一个完善的商业生态系统呢？

　　首先，企业需要打造一条完整的供应链，然后确保自己与供应商能够共同进步，双方之间的关系是动态的、协作式的。这样一来，供应链就可以转化成为生态系统。而想要确保供应链的转化，企业需要想办法选择优秀的供应商。这些供应商的实力雄厚，拥有巨大的成长价值，拥有良好的合作意识，双方可以建立更加稳定的合作关系。

其次，除了选择优秀的供应商与协作者，企业还需要保持开放的姿态，积极吸引更多的参与者进入自己构建的圈子。拥有更多的参与者，企业就可以掌控更多的选择权，同时保持更加多元化的合作模式，从而获取更大的竞争优势。

再次，企业可以构建一个数字化平台。虽然数字化平台并不等同于生态系统，但数字化平台可以更好地推动生态系统的建设，可以提升生态系统的做事效率，优化生态系统的结构。同时，企业构建数字化平台的同时，也可以构建一些非数字化的平台，构建多元化的生态系统建设模式。

最后，生态系统的建设本身具有动态性，会随着环境发生变化。因此，企业需要专注设计自身内部流程，选择将市场引入组织，并想办法从供应链中提取的实时数据，提升决策的效率。

需要注意的是，在构建生态系统的时候，企业应该明白生态系统的建设是基于每个参与者能在何处、以何种方式为系统贡献价值。而生态系统本身是一个非常复杂的体系，每个参与者都拥有高度自主权，它们在生态系统中可能会变化自己的角色，因此整个生态系统本身并不是一成不变的。企业需要迎合这种变化及时调整自己的经营管理模式，这样才有机会真正实现破局。

及时转型，改变自己的定位

人们很早就意识到企业发展和定位之间的紧密联系。精准的定位可以推动企业的进步，相反，如果一个企业的定位出现了问题就容易陷入困境。特劳特咨询公司的创始人杰克·特劳特，1969年就在《定位：同质化时代的竞争之道》的论文中首次提及"定位"概念，之后依靠论文《定位时代》成功开创了定位理论。

特劳特认为，定位从产品开始，可以是一件商品、一项服务、一家公司、一个机构，甚至一个人，也许就是你自己。但定位并非要改变产品，而是要调整潜在顾客的心智。对于企业来说，定位更多地强调企业在发展过程中运用更高效的营销方式来达到对客户心智占领的效果。一旦定位出现了错误，或者定位不清晰的时候，就无法影响和占领客户的心智，企业自然也就无法在行业中破局。

想要找到发展的突破口，企业需要积极转型，需要改变自己的定位。那么，企业应该如何进行定位，或者说如何重新给自己进行合理定位呢？

关于市场定位，企业可以选择SWOT分析模型。20世纪80年代初，美国旧金山大学的管理学教授韦里克提出了SWOT分析模型，主要是针对企业发展的内外部环境来分析企业的发展状态，帮助企业制定未来的发展战略。

SWOT分析模型包括优势（Strengths）、劣势（Weaknesses）、机会（Opportunities）、威胁（Threats）四个方面。

优势是指企业擅长什么，拥有哪些其他竞争者没有的资源，外界所赋予它的标签是什么，最近一段时间，企业获得过哪方面的成功，或者企业在行业里获得了什么样的地位。

劣势强调企业不会做的事情，企业可以列出所缺乏的相关要素，看看有哪些是亟待解决的，企业也可以尝试着多观察一下其他企业，看看它们在哪些方面明显做得比自己要更好一些。或者，企业还可以看看最近一段时间，自己因为哪些因素遭遇过重大的失败。

机会则是指企业在发展过程中是否存在好的发展机会，或者行业中存在哪些适合自己的机会，又或者当环境发生变化、行业发生变化的时候，是否存在好的发展机会，自己能够获得什么资源，或者能够得到哪些改变。企业也需要弄清楚自己在未来几年时间里，有什么具体的打算，有没有一个完整的发展规划。

威胁是指外在环境给企业带来的压力。企业需要弄清楚行业内发生了哪些变化，这些变化对自己是否有利，也需要弄清楚竞争对手最近在做什么，获得了什么样的成长。还有，企业要明确自身的发展存在哪些问题，是否能够满足客户的需求，自己在发展过程中面临何种威胁等。

当一个企业难以实现破局的时候，往往需要对自己的发展重新进行定位，分别了解自己的优势、劣势、机会、威胁。企业需要看看原有的定位是否正确，有没有错误判断自己的优势，有没有准确发现自己的劣势在哪里，有没有看到最适合的机会，同时需要准确弄清楚对自己最不利的因素是什么，以及这些威胁因素是否合理。企业需要想办法重新进行定位，对相关的要素重新进行分析，同时要明确自己是否需要转型，寻找新的发展机会。

宗庆后一开始从事代销和代加工业务，虽然在20世纪80年代的时候企业也有十几万元的收益，但这种经营方式缺乏核心竞争力，而且很容易被其他竞争对手替代，难以长久地在行业中发展下去。

更重要的是，无论多么努力，最终也无法摆脱代加工的标签，只能在行业最底层生存。宗庆后认为企业想要获得发展，想要走出最底层，就要积极转型，想办法研发和生产自己的产品，掌握核心技术，努力成为行业中掌控话语权的一方。

于是，宗庆后开始自主研发、自主生产营养口服液，然后依靠"喝了娃哈哈，吃饭就是香"的广告，以及优质的产品，迅速走红全国。1990年，创业只有三年的娃哈哈产值已突破亿元大关，完成了初步原始积累。1991年，娃哈哈并购了杭州罐头食品厂，娃哈哈食品集团公司正式成立。同年，娃哈哈年产值达到了2.17亿元，公司开始快速发展，并成为中国优秀的饮料品牌。

对那些陷入困境或者陷入平庸的企业来说，转型意味着更好的方向和机会，重新定位则代表了更精准的突围方法。需要注意的是，无论是转型，还是重新定位，都要按照实际情况来展开。如果企业的定位本身就没有什么问题，那么最好还是维持现状，选择从其他方面找问题，以免出现更大的偏差。

适当提高自己的目标，在挑战中实现突破

企业在寻求发展之前，往往会制定一个战略目标，然后按照战略目标的指示执行相关的任务，开展相关的业务。需要注意的是，战略目标的制定往往会超出现有的水平。也就是说，战略目标本身就具有一定的挑战性，它是企业对未来发展水平的一种评估，也是自我激励的一种形式。

《论语》中说："取乎其上，得乎其中；取乎其中，得乎其下；取乎其下，则无所得矣"。意思就是说，如果一个人将目标定得很高，那么哪怕最终没有达到预期的100%，至少也能完成其中的一半；如果把目标定得不高不低，可能最后也许只能完成30%；如果目标定得太少，那么很有可能到最后什么也得不到。

此外，目标定得适当高一些，更具挑战性，可以激发企业更大的潜力，让执行者爆发出更加强大的力量。因为目标具有引导性，目标的高度往往决定了企业发展的高度。如果一家企业只想着年营业额达到2000万元，那么它最大也只能达到这个体量；但是如果企业定的目标是成为世界500强，那么这家企业很有可能完成这一目标。

企业设定各种各样富有挑战的项目，往往可以有效调动个人的注意力，提升做事的专注度，毕竟工作难度的增加会导致工作者更加用心工作。这个时候他们不得不保持绝对的专注，投入更多的精力和能量，确保自己顺利完成任务。

按照难易程度，可以将企业制定的目标划分为不同区域。

第一个区域：舒适区

在这个区域内，企业可以利用现有的资源，较为轻松地解决眼前的问题。舒适区的目标比较容易实现，基本不具备挑战性。企业如果长时间处于这一区域，就无法获得发展和成长，这是因为长期在这种毫无压力的工作环境中，企业内部的竞争意识会被削弱，企业的实力也无法得到提升和突破。

第二个区域：学习区

学习区的目标具有一定的挑战性，因为这一区域内的工作任务和目标难度有些大，企业想要顺利完成任务变得有些困难。很多时候，相关目标实现所需的资源是企业所没有的，企业的技术水平也无法保证自己能够快速解决难题。正因为如此，企业如果想要顺利解决问题，实现学习区的目标，就需要不断强化学习，不断完善和充实自己，推动自己变得更加优秀、更加强大。

第三个区域：恐慌区

这一区域的目标难度非常大，几乎全面超出了企业的能力范畴，企业只有很小的机会完成任务。这就像一个普通企业想要成为世界500强一样，这样的目标有些强人所难，对普通企业来说，只会增加不必要的恐慌和焦虑。

其实，企业最理想的状态就是进入学习区。尽管有很多伟大的企业，在创业初期就制定了远大的远景，就拥有超出正常范畴的期待，但这些企业并不会贸然进入恐慌区。更多时候，它们会保持耐心，在一个更加合适的状态中去成长，等到合适的机会到来时再寻求突破。学习区就是这样一个好状态，企业进入学习区之后，能够在目标的引导下实现自我激励。

因此，企业在发展的过程中，最好列出一个目标清单，每次设定的目标都比自身现有实力高一点。当企业实现某个目标之后，再不断挑战那些难度更大的目标。通常情况下，目标的设定只需要比企业的极限略高。在这一区域，企业的执行团队会不断推动自己突破极限，最终激发出团队最大的潜力。

目标设置高一点，企业的发展动力也就更足，发展的潜力也会被激发出来。许多人担心战略目标偏高可能会导致执行者难以完成任务，甚至在高目标面前丧失自信心，从而产生逃避心理和放弃心理。针对这种情况，企业要学会分解目标，使项目的执行者在不同的阶段完成不同的小目标，然后逐步向战略目标靠拢，这样就能够在保证战略方向的同时降低执行的难度。

某公司在过去5年时间里，每年都按照30%～35%的增长速度发展。按照这样的速度（实际上企业不太可能一直维持在高速发展状态），企业在接下来的5年时间里，基本上可以从现在的8亿元突破到28亿元的营业收入。为了更好地刺激执行者，激发内部更大的潜能，企业可以设置33亿元的营业目标。从28亿元到33亿元，差距不小，这对企业来说是一个严峻的挑战。

为了减轻执行者的压力，企业可以对这个大目标进行分解，这样就能够将整体上的执行难度分散到各个阶段目标上。比如，企业可以将未来5年的营业收入分别设置为12亿元、17.5亿元、23亿元、27.5亿元、33亿元。

一般来说，公司的战略目标往往可以从空间、要素、时间三个维度上进行分解。从空间的角度来说，就是将企业的发展目标分解为各部门的目标，每个部门承接一部分的挑战；从要素维度上来分解，公司的战略目标可以被分解为组织结构调整、管理体系建设、人才的招聘和队伍的组建、企业文化建设等多个方面；从时间维度上来分解，公司战略目标可以细分为：第一年（或者第一个五年计划）的主要目标是什么，第二年（或者第二个五年计划）的主要目标是什么，第三年（或者第三个五年计划）的主要目标是什么。注意，每一个时间段的任务不同，目标也不同，目标的难度一般都是逐步增加的。

企业可以按照自己的实际需求进行目标的分解，其中按照时间来划分阶段性的目标，可以更好地推动企业做好战略布局。另外，按照时间分解目标的模式完全可以和按照空间分解的方法相结合，两者结合起来之后，能够更好地激发员工的工作热情。

打造包容的工作环境，实施灰度管理

管理如果有颜色的话，一定是灰色的：彩色太喧嚣，不能宁静致远；黑白太分明，不能左右逢源。二元对立结构往往会令企业面临独裁与僵化，因为为了不得罪领导，为了不让自己陷入困境，人们常常会选择妥协，于是公司的创新思维就会受到限制。

企业想要破局，想要恢复内在的活力，想要变得更具创造性和竞争性，就要改变原有的工作氛围和工作环境，努力包容不同的声音、不同的想法，让更多不同的思维元素进入公司。

那么，如何才能打造包容的环境呢？实施灰度管理。灰度是一种管理艺术，它模糊了是非黑白的界限，模糊了正统和非正统之间的界限，在黑白之间寻找一个灰色地带，这样就保护了不同的声音和想法，就保护了一些新的理念。比如，在一些重要的内部会议上，领导者必须要求与会者提出一些"不协调"的声音，要求与会者具备反对精神，想办法给他人的想法挑刺。不仅如此，领导者要保护更多的"异类"，要重视他们的意见和建议，要为那些与众不同的声音创造空间。

公司可以推动头脑风暴法，让与会者畅所欲言，充分发挥自己的能力，充分表达自己的立场和想法。头脑风暴法是一种无限制的自由联想和讨论，就是为了在讨论中激发创新观念和创新意识。领导者和负责人设定一个议题，然后邀请员工参与讨论，他们不会对大家的思想设限，每个与会者可以畅所欲言。这样一来，不同的人就可以实现思想的碰撞，实现思想的互补，为整个企业注入更多的活力，企业的发展也就获得了更多的可能性。

在进行头脑风暴的过程中，最重要的是鼓励和保护那些不同的声音，尤其是那些反对者的声音。虽然这些声音有时候显得格格不入，但它们往往能够帮助企业获得突破，找到新的出路。

欧洲很多大公司有这样一项规定，那就是在讨论一个议题时，参与讨论的人当中必须确保有挑刺者和反对者。比如，在一个11人会议中，领导者必须确保至少有1个人提出不同的意见，最好能够提出反对意见，哪怕其余10个人都保持相同的立场和意见。公司的领导者认为，任何一种想法都不可能是完美的，只要认真研究和分析便可以找到不足之处，而讨论要做的就是找出哪些地方不合理，哪些地方应该值得补充。此外，领导者需要确保内部不会出现盲从现象。无论在什么时候，都必须有反对的声音来提醒人们保持谨慎，避免大家失去创造力。

领导者一定要保持声音的多样化，但仅仅保持声音的多样化还不够，毕竟不同的人可能会有不同的想法。那么，领导者和管理者究竟应该听从哪个人的想法和意见呢？其实，不同的想法和观点往往可以丰富参考内容，而考虑到内部政策、计划以及执行的统一性，领导者需要确保内部达成最终的一致意见。而要做到这一点，就需要领导者积极协调和综合不同的思想，实现优势互补，从而给出最佳的执行方案。

需要注意的是，想要让头脑风暴法或者其他民主决议真正发挥作用，除了明确相关制度和企业文化之外，公司还应该对那些敢于提出不同意见的人给予一些激励，尤其是对那些提出有价值意见的人，一定要在物质上提供必要的奖励。

> 柯达公司在每个办公大楼的走廊里，存放了一大堆建议表，
>
> 无论什么时候，无论什么人，都可以将自己的工作建议和意见写在

建议表上，然后丢入其中任何一个信箱。公司会专门安排"建议秘书"来收集处理相关信件，并及时将这些建议送到有关部门进行审议。公司的委员会则负责审核、批准，如果相关建议不合理、不成熟，委员会要说明不采纳的理由，并对该员工表示感谢，鼓励他更多地参与到内部讨论中来；而一旦公司采纳了相关的建议，就会对提出建议的员工给予物质上的奖励。

通用电气公司的总裁韦尔奇则提出了"无边界"的概念。按照韦尔奇的说法，企业组织就像生物有机体一样，存在各种各样的隔膜，这些隔膜存在的意义就是为了确保企业具备外形，并且拥有明确的界定。与此同时，虽然这些隔膜有足够的界定和强度，但是并不妨碍血液、氧气、化学物质的通过。在组织内也是一样，打造学习型的文化，重点打造"听证会"制度，引导所有的员工参与到团队管理和公司决策当中来。

灰度管理是激活内部工作积极性和创造力的重要举措，可以确保企业文化变得更加多元、更加包容，可以提升内部的竞争压力。实施灰度管理的企业往往可以吸引和留住不同类型的人才，而且企业的包容性有助于滋生更强大的创造力，对企业的商业突破产生积极的作用。